92歳の現役保育士が伝えたい親子で幸せになる子育て

大川繁子
小俣幼児生活団　主任保育士

実務教育出版

はじめに
～保育歴60年。〝奇跡の保育園〟のちょっと変わった子育て～

「まるでここは、『奇跡の保育園』ですね」

全国からいらっしゃる視察や見学、取材の方からこんなふうに言っていただけると、すこし誇らしい気持ちになります。と同時に、

「ええっ、92歳で現役の保育士さんなんですか！」

とおどろかれると、なんだか恥ずかしくもなってしまいます。

「奇跡の保育園」の、おばあちゃん保育士――。言葉だけ見ると、なんだか物語に出てくる魔法使いみたいでしょう？

でも、（あたりまえですが）私は魔法使いではありません。じゃあどうして、90歳を超えてもなお保育士をつづけているのか。

あえて理由を挙げるとしたら、まず、自分としてはまだまだ勉強中のつもりだからです。保育という仕事は奥が深くて、その魅力に取り憑《つ》かれて、まだまだやめられないの。保育士歴およそ60年、２８００人以上の卒園生を見送ってきたけれど、「保育を極めた」なんてとても思えなくて。もっともっと、と思っていたら、気がついたときには90歳を超えていました。毎日、学びが尽きないのです。

そしてやっぱり、子どもたちがかわいくて仕方がないから、でしょうか。どの子も個性があって、エネルギッシュで、とっても魅力的。卒園の時期になると、毎年「手放したくない！」と保育者らしからぬ思いを抱えてしまうほどです。

ごあいさつが遅れました。
はじめまして、大川繁子と申します。
栃木県足利市にある「小俣幼児生活団」の主任保育士を務めています。幼児生活団なんて変わった名前ね、とお思いかもしれませんが、0～5歳のお子さんを預かるふつうの認可保育園です。

私は、1927年(昭和2年)生まれの92歳。

10歳のときに日中戦争がはじまり、18歳のときに第二次世界大戦の終戦を迎えました。そして34歳からいままで、この園でたくさんの子どもたちと過ごしてきました。はじめて担当した子どもたちは、もう孫がいてもおかしくない年齢です。……あのいたずらっ子がおじいちゃんにって想像すると、なんだかおかしいのですが。

でも、ここでの保育を〝奇跡〟と呼んでいただけるのは、私が「92歳の現役保育士」だからではありません。たしかに長い間、保育の現場に立ち続け、何千人もの子どもたちを預かってきたけれど、私自身はスゴイ技術を持った奇跡の保育士ではない。

ただし、もし〝奇跡〟と呼べるものがあるとしたら、それはうちの園ならではの保育のあり方じゃないかしらって思います。

子どもがよーく育つ。4歳、5歳とは思えぬくらい自立する。これには私も自負があるのです。

小保幼児生活団の保育のテーマは、ひと言で表すと「自由と責任」。**卒園するときには、自分のやりたいことに没頭し、自分の頭で考え、自分の能力を発揮できる力（自由に生きる力）と、それに伴う責任を持てる子になっていてほしい。**

そして、自由と責任を胸に、自立してほしい。自分の人生をよろこび、楽しんでほしい。そんなふうに考え、日々の保育の方針にしています。

＊＊＊

先ほど小保幼児生活団のことを「ふつうの認可保育園」と言いましたが、一般的な保育園と比べて〝ちょっと変わっている〟ところもたくさんあります。

まず、敷地は３０００坪超。園庭はもはや小さな山で、歩くだけで森林浴も自然観察もできます。池もあるし梅林もある。燈籠《とうろう》もマリア像もあります。……ちょっと想像がつきませんよね。そんな広大な庭ですが、子どもたちが立ち入り禁止の場所は一切ありません。

もっとも古い園舎は大川家が自宅（母屋）として使っていた古民家で、子どもたちの「第二の家」です。ペリー来航の2年前にあたる嘉永4年の建築で、およそ築170年。足利市の国有形文化財にもなっています（大川家は足利が織物の地として有名になるはるか前から、織物業や糸商を営んでいたんですって）。

こうした環境も、たしかに特殊です。

でも、私たちがおこなっている保育――子どもの「自由に生きる力」を育てる保育こそ、〝ちょっと変わっている〟のです。

【みんなで一緒に、ではない】

0〜4歳児までは、「クラスみんなで同

じことをする時間」はありません。一人ひとりが、自分のやりたいことをして過ごします。最年長の5歳児も、みんなで同じことをするのは1日1時間だけです。

【自分のことは自分で決める】

給食は、バイキング形式です。自分はどれくらい食べるのか、自分で決めてお皿によそいます。給食の時間になってもやりたいことがあったら、パスしてもかまいません。

【お昼寝は強要しない】

お昼寝は、20分経って眠れなかったら起きて遊んでもかまいません。

【ルールは園児が決める】

保育士が勝手に決めるルールはほとんどありません。園児と一緒に話し合って決めます。

【園児に命令しない】

園児になにか行動してほしいとき、保育士たちは「〜してくれませんか？」と声をかけます。「しなさい」「してください」とは決して言いません。

……ね、ほんの一例ですが、ちょっと変わっているでしょう？

私たちは、自分たちを冗談で「ほったらかし保育園」と呼んでいます。だって、保育士が子どもに指示することも、カリキュラムを与えることも一切ないのですから。子どもたちは登園したら、みーんな好きに活動するだけ。1日中同じ遊びをしていても、ほったらかし。それが一週間つづいても、ほったらかし。

そんなことで、「園内崩壊」しないか、ぐちゃぐちゃになってしまわないか不思議に思いますよね。

だからこそ、よそから見学に来られる方はこう言ってくださるのでしょう。

「ここは、奇跡の保育園ね」って。

私たちも「ほったらかし」なんて言いながら、この変わった保育を心底誇らしく思っています。ほんとうはただのほったらかしじゃないぞ、と自負している。

仕事に出かけるお母さん、お父さんが大切なお子さんを「じゃあ、行ってきます！」と預け、「ただいま！」と迎えに来るまでのすべての時間が、その子を育てている――**りっぱな「早期教育」をしていると自信を持っているのです。**

＊＊＊

私たちの保育の根底にあるのは「モンテッソーリ教育」と「アドラー心理学」の考え方です。両方とも最近はたくさんの本が出版されているようですし、子育ての勉強会なども開催されています。名前だけは聞いたことがあるわ、という親御さんも多いでしょう。

ざっくりとした説明ですが、モンテッソーリ教育は障害者教育がルーツの、「自立した人間」を育てるための教育法（またはその考え方）です。子どもがすべきことを、大人が一方的に決めたりしない。むやみに手や口を出したりしないよう気をつけます。子どもが持つ能力を引き出すため、あくまでサポート役（援助）に徹するのです。

また、アドラー心理学では、大人と子どもを「対等」の立場に置きます。長く生きているからといって立場が上なわけでもなければ、命令したり怒ったりしていいわけでもない。

ですから叱ることはもちろん、褒めること（評価を下すこと）もよしとはしません。ただただ子どもを認め、尊重します。

私たちが保育にモンテッソーリ教育を取り入れたのが、30年前。アドラー心理学が20年前。両方とも、世間で取り上げられるずいぶん前だと思います。私たちは、このふたつの考え方の「いいとこどり」をしているのです。

＊　＊　＊

そもそもなぜ、私たちの園ではモンテッソーリ教育を取り入れたのでしょうか。

小保幼児生活団は、私のお姑さんにあたる大川ナミが、昭和24年に立ち上げた保育園です。設立の翌年、保育士の有資格者がもうひとり必要だということで、嫁である私に白羽の矢が立ちます。

保育にこれといった興味はなかったものの、「姑の言うことは絶対」。出産したばかりの次男を背負い、フーフー言いながら勉強し、なんとかその年の試験に合格しました。

しばらくは名前だけ登録された状態で（昔はいろいろ適当だったのです）、子どもたちが中学生になってからようやく保育の現場へ。30代半ばと遅いスタートでしたが、いざ子どもたちと接すると毎日が楽しくて、楽しくて……すぐにのめり込んでいきました。

ずっと一般的な保育をしていた小保幼児生活団ですが、ナミさんが亡くなったことが転機となります。お葬式で、園の理事会からこう言い渡されたのです。

「主任保母は、引きつづき繁子さんに。園長は真《まこと》さんに任せる」

「えーッ、真が、園長⁉」

おどろきました。だって次男の真は大学の工学部を卒業後、デザインの学校で学び、卒業したばかりの25歳。保育に関してはまったくのシロウトだったのです。真はみんなの前で名前を読み上げられた手前しぶしぶ帰ってきたものの、しばらくやることがありませんでした。

でも、あるとき園をブラブラ歩いていると、ベテランの保育士が、お昼寝しない子を暗い部屋で怒っていたんですって。思わず「昼寝しないってだけで子どもを怒らないでください！」と口を出したら、「私のことを子どもの前で怒らないでください！」。ビシッと言い返されちゃった。そりゃそうね。

でもこれが、園長が保育を真剣に考えるきっかけになりました。

「こんな幼児教育はやりたくないし、絶対におかしい」

そう思って近所の幼稚園や保育園を見て回ったけれど、だいたい同じパターンでがっかり。それでもあきらめずに「外国はどうだろう？」と勉強する中で、モンテッソーリ教育に出会います。

「自分が探していた幼児教育は、まさにこれだ！」

すぐに日本におけるモンテッソーリ教育の第一人者である赤羽惠子先生に弟子入りし、熱心にその教えを学びました。

でも、園長は保育士の資格を持っているわけでもないし、自分の思いを現場に押しつけても、またベテラン保育士からワーワー反対されてしまうでしょう。私だってふつうの保育に染まり、「うーん、そんなのできるの？」って半信半疑でしたから。

そこで園長は一計を案じます。保育士を毎年一人ずつ、赤羽先生の京都モンテッソーリ教師養成コースに送り込んだのです。

7、8年ほど経ち、全員が研修を経験したころだったでしょうか。保育士のほうから「園長、モンテッソーリ教育の自由保育、縦割り保育をやりましょうよ」と言い出したときは、私もおどろきましたよ。園長はうれしさを隠して、「ええ、いいですよ」。

そこから、小保幼児生活団はガラリと変わりました。園長、わが子ながら策士でしょう。

そしてさらに10年後、園長はアドラー心理学に出合います。強い感銘を受け、日本にアドラー心理学を持ち込み独自の発展をさせた野田俊作先生に弟子入りし……というわけです。

ですから私、保育士人生の半分がふつうの保育を、もう半分がいまの保育をしていることになります。もちろん最初の30年だって、それはそれでいつも一生懸命だったし、とても楽しかった。

でも、いまはもう、昔の保育には戻りたくないと思います。

子どもたちの表情も育ち方も、ぜんぜん違いますから。

＊　＊　＊

ありがたいことに、小保幼児生活団に通う子どものお母さんは「絶対ここに入れたい！」と熱い気持ちを持った方ばかり。うちに入れるためにお父さんを単身赴任にして、子どもと二人で引っ越してきた、なんてツワモノのお母さんもいます。

私たちの方針や考え方を心底理解してくださっている方ばかりですから、20年以上クレームはゼロ。役所の方もおどろかれますが、これ、保育の世界ではとんでもないことなんだそうです。

また、私も不思議なほど、視察に来られる方があとを絶ちません。自分たちでアピールしているわけではないですし（ホームページもパンフレットもありません）、何度も来られると「そんなに見るところがあるかしら？」と恐縮してしまうのですが。

ともかく、保育関係者や大学の先生、その生徒さんなど、さまざまな方が園を見てはおどろいていかれます。

だけどね、もっとうれしいのは、保育士たちが日誌に「この保育ができて幸せ」と書いてくれることです。**子どもと対等な立場で行う保育、自由に生きる力を育む保育は、大人**

も幸せにするのね。そんな大人の空気は、子どもにも伝わることと思います。

それに、働いていて幸せだから、みんなまったく辞めない。辞めてもすぐ戻ってきます。あまりに人が辞めなくて、保育士の平均年齢が上がりすぎて困った……なんて時期もありました。

たしか保育士の平均勤続年数は７・６年、私立保育園に勤める保育士の離職率が12％ですから、これもまた「ちょっと変わっている」と言えると思います。

（参考 https://www.mhlw.go.jp/file/05-Shingikai-11901000-Koyoukintoujidoukateikyoku-Soumuka/s.1_3.pdf）

＊　＊　＊

今回、「大川先生の経験をもとに本をつくりませんか」と声をかけていただいたとき、いったいなにを伝えればいいのかしら、としばらく悩みました。

でも、そうか、読者のみなさんを子どもたちのお母さん、お父さんだと思っておしゃべりすればいいじゃないって気づいて。私とここで働く保育士たちが、「自由に生きる力と責任」を育むために試行錯誤してきたことや考え方を伝えたら、きっと力になれるだろうと思ったのです。

だって、**「自由に生きる力と責任」さえあれば、どんな子も、どんな世の中でも幸せに生きていけます**から。90歳を過ぎた私はもちろん、親御さんも想像のつかないような世界になっても、それぞれの場所で、自分らしく笑顔で生きていけるはずです。

本書を手にとってくださっているお母さん、お父さん。

この本はいわゆる「子育て本」と呼ばれるものかもしれません。でもね、まずは肩の力を抜いてくださいい。大人にとって都合のいい子や優秀な子、いわゆる「スゴイ人」を目指す、「せねばならぬ育児」の本ではありませんから。

うちの園に通っていた歴代の子どもたちのエピソードを交えながら（手前味噌ながらとてもかわいい子ばかりです）、「その子なりによく育つ」サポートの仕方をお伝えしていきたいと思います。

みなさんが無意識に囚われているであろう「せねばならぬ育児」を手放すと、とってもラクだし、ポジティブになります。やんちゃ君も、ワガママさんも、困ったちゃんも、すべてプラスに捉えられますよ。

本書では子育て中のお母さん、お父さんに送りたいヒントを、「自由に生きる力の育て方」「コミュニケーション」「幸せを育む発達の三角形」「お父さん、お母さんからの相談・質問」「女性の人生」の5つのテーマにまとめてみました。大切なお子さんを思い浮かべながら、優しい気持ちで読んでいただければうれしく思います。


私も男の子を3人育てましたが、すべて手探りで、失敗だらけでした。……「失敗だらけ」なんて言ったら子どもたちに怒られちゃうかしら？　でも、実際ガミガミ叱っていたし、手をあげたこともある。申し訳なかったなと思うこともたくさんありますから。

ただ、そんな後悔があるからこそ、みなさんの気持ちに寄り添えると思っています。

「子育てなんて簡単だった、うまくいった、みんな成功者になった」

そんな人には、お母さんの悩みはわからないでしょう。

私が言うんだから、大丈夫。子どもはちゃんと育ちます。

それぞれに豊かな子どもの「自由に生きる力」を、一緒に、楽しく、育てていきましょう。

目次

第2章　親が守りたいコミュニケーションの約束

第3章　子どもが小さいうちに築きたい、幸せを育む三角形

第4章　2800人を見てきた私の「子育てのコツ」

第5章　「お母さん」の人生について私が伝えたいこと

編集協力　田中裕子（batons）
写真　疋田千里
ブックデザイン　杉山健太郎
DTP　一企画

第1章

「自由に生きる力」を育てるために

スゴイ人より、めいっぱい自分の花を咲かせられる人

まず、なにからお話ししようかしら。入園案内や入園式などで、いつも保護者の方々にお伝えしている話から入りましょうか。私が子どもたちに願っていること、です。

みなさんはきっと、お子さんがとてもかわいく、大切でしょう。よりよい人生を送ってほしい、幸せになってほしい、いらぬ苦労はさせたくない。そう願っていることと思います。それはもう、当然の親ごころです。

しかし最近は子育て情報もあふれていて、いくらでも手に入るでしょう?

ですから、「子どもを幸せにする」ためにどんどん教育熱心になる方も少なくありません。できればなにか秀でたものを持って、成功してくれたら……って。

たとえば入園を検討しているお母さんに「うちの園ではモンテッソーリ教育をやっています」と言うと、

「海外の起業家のようなスゴイ人を目指すのですか？」
「早期教育に力を入れているのですね！」
なんて前のめりに言われたりします。

でもね、そういうお母さんたちの期待を裏切ってしまうようだけれども、私はそんなゴールはまったく目指していないのです。だって、みんながみんな、スゴイ人になる必要なんてないのですから。92歳の私はまったくスゴイ人ではありませんが、とっても幸せですよ。

私が目指しているのは、いわゆる「スゴイ人」を育てる保育ではありません。それぞれの子どもが、**それぞれ持っている才能や力をめいっぱい発揮する保育なのです。**

その思いを、端的に表している詩があります。それが、小保幼児生活団がある栃木県足利市生まれの相田みつをさんの詩。

たくさんある彼の作品の中でも、私の保育の座右の銘とも言える詩が、こちらです。

「名もない草も実をつける　いのちいっぱいに自分の花を咲かせて」
（『にんげんだもの』より「自分の花」）

これ、幸せの究極のかたちで、子どもたちの姿そのものだと思いませんか。

みんながみんな、華やかで、大輪で、目を引く必要はない。

どんなかたちでも、どんな色でも、自分なりの花を自分の力で咲かせてほしい。

たとえ小さくて地味な花でも、目を留めただれかを和ませることができたら最高じゃないって、そう思うのです。

子育てでつらいのは、親が本来かすみ草として花を咲かせる子に対して「こんなはずじゃない、この子はバラに育つはずだ、育てなければ」と思い込むこと。子どもを否定することです。

もちろん子どもを応援し、サポートし、才能を伸ばしてあげるのは大人の役目です。

ただ、子どもが優秀であったり、お金持ちになったり、なにか大きなことを成すのがエライわけではないんです。ましてやそれが「子育ての成功」ではなくってね。

私はいつも、**その子なりの花のかたちや、花の咲かせ方——つまり、個性を見つけてあげたい**と思っています。

不幸なのは、「スゴイ人」になれないことより、画一的な「スゴイ人」像を追い求めてほんとうの自分を否定すること。自分を認めてあげられないこと。自分の力を発揮できぬまま終わること、だと思います。

２８００人もの子どもを見送ってきました。中には残念ながら、事故や病気によって若くして亡くなってしまう子もいました。

そういう子たちを知っているからこそ、ふつうの幸せ——自分の花を見つけ、自分で咲かせることのすばらしさを実感できるのかもしれません。

目の前の子が笑顔で生きていければ、それが最高。

あんまり、欲張らないでね。

どんなに小さな子にも、個性は立派にあらわれています

子育てには正解がない、とよく耳にするでしょう。それは、子どもたちが個性豊かな存在だからです。園でも一人ひとりまったく違う姿を見せてくれて、勉強になるやらおもしろいやら、です。


あるとき、２歳児のクラスでこんなことがありました。

絵本の裏表紙に、だれかによる色鉛筆でのラクガキを見つけたハナちゃん。

「アーア、これ、消さなくちゃ」と消しゴムで消し始めます。

するとそれを見たモモちゃん、「これ書いたの、カズくんだ！　わるい！」。そしてカズくんに「ダメ、ここに書いちゃ。バカなんだから！」と強い口調で責め始めます。

叱られたカズくんは「ママ〜〜〜」と激しく泣き始める。

あら、どうするのかしらと見ていると、自分も泣き虫のアイちゃんが「カズくん、こっ

ちにおいで」と部屋のすみっこにつれていき、「あなたのお名前はなあに？」とインタビューごっこをはじめたのです。カズくんは泣きながらも「カズです」なんて答えていく。インタビューごっこのおかげで落ち着いたころを見計らって、保育士が「これを使ったらよく落ちるよ」と研磨剤入りのスポンジをカズくんに渡しました。力いっぱいきれいにしたカズくんに「よかったね」と言うと、「ウン！」。

その後はなにごともなかったように、みんなも元どおりになったのです。

こんなふうに、**同じできごとに遭遇しても、子どもたちは個性によってそれぞれまったく違う反応を示します。**

ラクガキに気づき、率先してきれいにしてくれようとしたハナちゃん。

モノの言い方が強いけれど正義感が強いモモちゃん。

なかでもアイちゃんの対応は絶妙で、その癒しの力のおかげでカズくんは自分の行いに対する責任を取ることができました。

子どもはみんなそれぞれ思惑があって、それを精一杯表現しています。このエピソードを保育士の日誌で読み、２歳でもうこんなに個性豊かに育っているのね、って感激してしまいました。身体は小さいけれど、もうそれぞれの花を咲かせているのです。

女の子は言葉が早いとか、男の子は甘えん坊とか世間では言われます。

それは傾向としてあるかもしれませんが、「このとおりじゃなくちゃいけない」というわけではありません。だって、みんな、性別や生まれ月などに関係なく、立派な個性があるのですから。

私が出会った２８００人の子どもたちの中で、一人として同じ育ち方の子はいませんでした。

世間で言われる子育ての常識は、「そういう説もあるんだな」と話半分で受け止めるくらいでちょうどいいと思います。それより、目の前の子どものエネルギッシュな個性を味わい尽くしましょうよ。

教育は、とても「怖いもの」だから

保育、つまり「保護」と「教育」を生涯の仕事としてきましたが、心の奥底にはずっと「教育ほどおそろしいものはない」という思いがあります。

私が子どものころは戦争まっただ中で、成長とともに戦争が激化していきました。学校の授業もどんどん減って、農作業が増えて、軍需工場で働いて。大変だったけれど、「お国のためだから」と親も先生も言うから、「そうか」と受け入れていました。

私も女学生時代には竹やりを練習して、「米兵が来たらこれでやっつけてやる」なんて本気で思っていたもの。日本は正しい戦いをしているのだから、勝つのはあたりまえ。私たちも加勢しなきゃ。「ヤーッ」と突けば「声が小さい！　そんな声では米兵に勝てんぞ！」と怒鳴られて、こちらも必死で「ヤーッ！」。いま思えばバカみたいですね。

すっかり洗脳されていたのです。自分で言うのもナンですけれど、ずっと優等生だったの。だから、ひと一倍勉強熱心で、ひと一倍熱心な軍国少女でした。

そんな調子でしたから、終戦を経てその洗脳がとけたときに、「教育とはなんておそろしいのだろう……」と震えました。大人が考えを押しつけたら、子どもは簡単に染まってしまう。私はこれからなんでも疑って生きよう、いろんな人に話を聞こう、そして自分で物事を判断できるようになろうと心に決めたのです。

その後、結婚して栃木にある大川の家に嫁ぎ、保育の仕事をするようになったとき、この教訓を活かさなきゃと思った。上から言われて「ハイわかりました」ではなく、自分で考え、自分の意見を持って、自分らしく生きていけるように子どもたちを導かなくちゃって。

これってまさに、「自由に生きる力」をつけるということでしょう。

大人にとっての「正解」を押しつけるのは、軍国主義と似たようなものかもしれません。自由は、なにより尊いものなのです。

まずは親が判断力をつけないとね

カリキュラムの一切ない「ほったらかし保育園」に預けながらも、心のすみっこでは「ほんとうに勉強させなくて大丈夫かしら？」と不安を感じる親御さんもときどきいらっしゃいます。実際、園を早退して公文に通っている子もいるようです。私たちに悪いと思っているのか、コッソリ行かれるのですが……。

あのね、親御さんが判断したことなら、私、絶対に反対しません。お母さんやお父さんが大切な子どものことを真剣に考え、自分で決断するってとても価値があることですから。

たとえばお母さん方の中には、「大川先生、子育てのコツを全部教えてください」と言わんばかりに頼ってくださる方もいます。県や市でも「絵本と言えば大川先生」と言っていただいているので、「この子にはどんな絵本を読めばいいでしょうか」と質問されることも多いです。

年の功だと頼りにされるのはうれしいですし、「ヨシ任せて！」と気合いも入ります。

でもやっぱり、子どものことを最終的に決めるのは親御さん。

「ハイ、わかりました」じゃダメなのよ。

ですからうちは、教育業界の営業の方が持ってきてくださった教材や絵本も、「園として推薦しているわけではありませんよ」とお伝えしつつ、すべて配っています。こちらでは取捨選択しません。その教材が子どもに必要かどうか判断するのは、私ではなくお母さん、お父さんなのです。

私があるお母さんに対して「こうしてください」「あれを与えてください」と言って、たとえそれが正しかったとしても、いつまで経ってもその人には「お母さん力」がつきません。それは、私から自立できないということでしょう。

子どもに「自由に生きる力を」と願うお母さん自身が、自由に生きられていない。それってなんだか、おかしいですね。

私は2ヶ月に1回、「マリアの丘通信」というお便りを保護者の方に出しています（最近はサボりがちですが）。

毎年、第一号では私とお母さん、お父さんは「子育てのパートナー同士」と伝えています。「オヤ?」「ナゼ?」「エッ?」と思うことは遠慮なく口に出しましょうよ、それは子育てに必要なことですからって。

「これってどうなのかしら?」と考えて、自分で判断がつかなかったら周りに相談して、議論して。その子の親として、納得のいく答えを出していきましょう。

もちろん、この本で私が言っていることもすべて一つの意見、ちょっとしたヒントにすぎません。鵜呑みにせず、「そうかしら?」と考えながら読んでくださいね。「これは違う!」と思うこともあるかもしれませんが、それでいい――それが、いいのです。

子どもが心ゆくまで、満足するまで打ち込ませましょう

「自由に生きる力」をつけるため、私たちは「自由保育」を取り入れています。「クラスみんなでこれをしましょう」「これに取り組む時間です」といった設定をせず、各々が自由に過ごす保育です。

毎日朝から晩まで、それぞれの子が、自分がやりたいように遊びます。ひとりで遊びたい子はそうするし、みんなで遊びたい子は周りに声をかける。遊びを保育士が途中で取り上げることも、切り上げることもありません。

これはマリア・モンテッソーリさんの、「子どもには敏感期がある」という考えをもとにしています。敏感期とは、「これがしたい！」と強く思う気持ちがあらわれる時期のこと。モンテッソーリ教育ではこの**敏感期の子どもの邪魔をせず、心ゆくまで打ち込ませてあげましょう**と言われています。

なにに対していつ敏感期がはじまるかは、一人ひとり、まったく違います。

ある1歳の子は、崩れない泥団子をつくるために、朝から晩まで砂場で試行錯誤する。ある3歳の子は、5歳児のお兄さんが鉄棒で逆上がりしているのを見て、自分もできるようになろうと、来る日も来る日も練習する。ある5歳の子は、折り鶴の折り方を教えてもらったその日から、何週間も鶴を折りつづける。

何時間でも、何日でも、同じことを繰り返す。心ゆくまで打ち込んで、達成して、満足して、また別の敏感期に入っていくわけです。本気でなにかに取り組む姿は、子どもながらにかっこいいものですよ。

子どもたちは、一人ひとり違う敏感期を持っています。

大人が決めたカリキュラムに則《のっと》って「次はリズム遊びの時間です」「運動の時間です」と押しつけても、彼らにとってはピント外れ。身が入らなくて当然です。

「アーア、あと少しでトンネルができたのに。早く砂場に戻りたいなあ」

「絵本を読みたいのに、みんなで歌を歌わなきゃいけないのか。つまらないなあ」

……みなさんも、小さいころにそんなふうに思った記憶がありませんか？

せっかくの敏感期をそんなふうに潰してしまうのは、とてももったいないことです。

敏感期とは、なにかに対して強いこだわりを見せる時期のことです。

まっすぐ成長し、その分野の力をぐんと伸ばすために不可欠な段階。ですから、どうかそのこだわりをワガママだと捉えないでくださいね。

人間の基礎をつくっている、いましかない、貴重な敏感期です。

まずは子どもの欲求を気持ちよく認めてあげましょう。

あとで伸びる子は、いまを満喫している

園ではそれぞれの子が、自分がやりたいように遊んでいると言いましたが、最年長である5歳児（青組）になると話は別。毎日1時間だけ、みんなで同じことをします。「設定保育」と呼ばれるものです。

でも、あらかじめ決まっているのは、私が担当するダルクローズのリトミック（音楽・歌・即興から成り立つ音楽教育法で、ピアノを使ったリズム遊びをイメージしてください。ピアノの音から感じたことや物語を自分なりに表現する自由さが魅力です）と、語り（絵を使わず、物語を暗唱します。子どもたちは声だけで情景を頭に思い浮かべるのです）をそれぞれ週1回、月1回で取り組むということだけ。

そのほかの時間になにをするかは、まったく自由です。前の週の金曜日、子どもたちと保育士でワイワイ話し合います。たとえば夏祭りの前だったら、

「去年の青組さんみたいに、おみこしつくりたい！」

「そっか。おみこしづくりね、何日くらい入れる？」

「月曜と火曜！　水曜日はサッカーやりたい！」

というふうに。

一応、というわけではありませんが、保育士の頭にも年間行事として「してほしいこと」はあります。田植えだったり、クリスマスだったり、節分だったり。でも、だいたいみんな去年の〝憧れの青組さん〟のことを覚えていて、「同じことをやりたい！　楽しそうだったもん！」と言うので、保育士は「じゃあ、やりましょう」と答えるだけなのです。


どうして、5歳児だけ「設定保育」の時間があるのか。

まず、5歳児は0～4歳と違って、「みんなでなにかをしたい」という気持ちや、ちょっとした緊張感を楽しむ心が育っているからです。

そしてなにより、もうすぐやってくる小学校での生活に備えなきゃいけない。それまで心のままに遊んでいた子をつかまえて、「自分がやりたいかどうかはいったん置いておいて、周りと足並みを揃えるんだよ」と伝える時間も必要なのです。

うちの園と小学校では、生活がずいぶん違います。ふつうの保育園でも、幼稚園に比べると小学校に行ったときに苦労すると聞くけれど、うちはもっと「違う」でしょう。

ですから毎年、園の子どもたちが入学する小学校に要録（申し送り書）を手渡すときには、「うちの子たちがご迷惑をおかけするかもしれません。申し訳ありませんが、よろしくお願いします」と伝えています。

もちろん私も、卒園が見えてくると「小学校はお勉強するところだからね」「お勉強ができるようになるコツは、先生の話を真剣に聞くことだよ」と言い聞かせてはいます。

でも、ビシッとした幼児教育を受けてきた協調性のある子どもたちとは、どうしても振る舞いが違う。それはもう、仕方がありません。だから、先に謝っちゃう。

でもね、どこの小学校でもありがたいことに、こう言っていただけるのです。

「いえいえ、大丈夫ですよ。小俣の子どもたちはみんな、5年生になるとグンと伸びますから」

たしかに1年生のはじめは、幼稚園で作文をスラスラ書いていたような子、学習塾で英語を習っているような子と一緒に机を並べて、大変なこともある。

けれども、そうしたスタートダッシュの差が縮まってきて、さらに中学校を意識しはじめるころに、小俣の子は大きく伸びていく。毎年とても楽しみですよって。

これは、とてもうれしい言葉です。「よし、やろう!」「やりたい!」と自分で決めたときに出せるエネルギーが、うんと強いということですから。保育園生活の中で根っこの大事な力が育っているんじゃないかしら、って勝手に思っています。

保育園時代は一般的に言うところの〝問題児〟で、落ち着きがなく、座って絵本を聞くことができなかったコハルちゃんも、中学校で「英語を学びたい」と思ってから化けましたよ。

足利市の姉妹都市、アメリカ・スプリングフィールドに市内の中学生がホームステイに行く制度では学校代表、さらにその一団の代表にもなっていました。いまは「もっと英語の勉強がしたい」と、キリスト教系の高校で熱心に勉強しています。

英語のレッスンなんて1秒もない私たちの園出身でも、本人が「やりたい」と思ったらその道を切り拓くのです。コハルちゃんの姿から、小さいころに優等生や大人の思う「いい子」じゃなくても、勉強しなくても、自由に生きる力さえ養っていれば立派に育っていくのね、とあらためて学びました。

私は、**子どもが小さいうちは、大人にとってわかりやすい「教育」を詰め込む必要はない**と思っています。それより、**自分が選んだことに没頭する経験を、できるだけたくさん積ませたい。**

この経験こそが、大人になって、自分がほんとうに没頭したいものを見つけたときのエネルギーになると信じています。

「〇〇したくなる」工夫が、腕の見せどころ

最近は、「入学までに自分の名前は書けるようになっていてください」と小学校から言われます。

本来のルールで言えば、平仮名は小学校で教えるものです。

でも、教育熱心な幼稚園では名前どころか作文まで書かせたりしているでしょう。かたや「自分の名前も読めません、書けません」では、先生もやりにくい。それに、子ども自身も劣等感を持ってしまいます。

なので、卒園までには自分の名前を習得してもらわなきゃいけないわけですが……うちは「ハイ、名前を書く練習の時間です」とはしません。機会をつくります。

子どもは機会をつくれば、自分の名前くらいは自然と覚えますし、そうでなくとも、「知りたい」と思うものです。

機会をつくると言っても、たいした話ではありませんよ。

うちは3歳児クラスから、登園したら安全ピン付の名札を取り、自分の服につける「お仕事」がはじまります。はじめは「これがあなたの名札よ」と教えられ、わけもわからずかたちを覚える。それを毎日目にするうちに、4歳になるころにはすっかり「自分の名前」として認識できるようになる。次第に「大川先生、ぼくのお名前書きたい」と言われるようになるので、教えてあげるってわけです。

教えるのは、あくまで子どもが「やりたい」と言ってから。強制はしません。「書きたい」が自然と芽生えるまで、のんびり待つのです。

……という方針なのですが、ある年、4歳児クラスになっても5歳児クラスになっても、いつまで経ってもまったく文字に興味を持たないマサくんという子がいました。そのうちに、卒園も見えてきた。

環境はあるのに「知りたい」と思わないのですから、時期じゃないわけです。無理やり机に座らせたくもない。でも、小学校でマサくんが苦労するのはかわいそう――。はて、どうしようかしらと頭をめぐらせていました。

そんな状況を変えたのは、折り紙でした。

園長は折り紙がとてもうまくてね、みんないつも「園長先生、ライオンさん折って」「ペンギンさん教えて」って言いに来ます。

ある日マサくんも、「園長先生、ゾウさん折って」と言いに来ました。でも、園長は用事があったので「紙に自分の名前と折ってもらいたいものを書いて、持ってきてください。書いてもらわないと、忘れちゃうからね」と言ったそうです。

するとマサくんは「えー、ぼく、字書けないもん」と胸を張って言う。

そこで園長が「じゃあ、先生でもお友だちでもいいから、だれかに書いてもらってくださいね」と言うと、「わかった！」と字の書ける友だちを探しにいきました。

それを何回か繰り返したとき、マサくんはハタと気づいたみたい。

「文字ってやつを書けると、どうやら便利らしいぞ」

それで私のところにピューッて走ってきて、「大川先生、ぼく、名前書きたい！」。

「ああ、ようやく文字に興味を持ってくれたわ」と胸をなでおろしつつ、教えてあげました。そしたらもう「知りたい」の気持ちが強いから、「もっと、もっと」でね。結局、一週間足らずで50音すべて覚えてしまいました。子どものやる気って、すごいのです。

「文字を覚えたい」と思う前のマサくんに「自分の名前が書けると便利よ」といくら言い聞かせても、「ふうん」でおしまいだったでしょう。

大切なのは、なにからなにまでお膳立てして会得させることではなく、「〇〇したい！」と思える機会や環境をつくること。

そのために、あの手この手を使い、工夫をこらすの。大人の腕の見せどころですね。

決めるのは子ども。大人は「決めるための材料」を伝えるだけ

無力な赤ちゃん時代を知っているお母さん、お父さんにとって、子どもはいつまで経っても「なにもできない子」に見えてしまいがちです。2歳になっても、3歳になっても、いえいえ4歳になったって、どこか赤ちゃん扱い。ついつい手と口が出てしまいます。

だけれども、**その子に関することは、その子自身に決める権利があります。**

私たち大人の仕事は、「決めるための材料」を与えることだけ、なのです。

もちろん、はじめから「決める」はちょっとむずかしい。

だからまずは、「選ぶ」からスタートします。

うちでは1歳児になると、「選ぶ練習」をはじめます。

たとえば、お昼ごはんのときにおしぼりをふたつ出して「どっちにする?」と聞く。両方とも同じおしぼりですけど、「うーん、こっちにする」「そっち!」と選んでもらうので

す。そのほかにも、「牛乳とお茶、どっちを飲む?」「お味噌汁、どれくらいよそう?」など、できるだけ自分で決めてもらいます。

また、散歩に行くか行かないかも、子どもが決めます。「今日は気分が乗らないからお部屋で遊びたい」と決めた子は、お留守番でかまいません。

おうちでは、まず靴下やシャツなど身につけるものを選んでもらってはどうでしょう。ちぐはぐな組み合わせになってもご愛敬。子どもらしくてかわいいですよ。

こうして「選ぶ経験」を積み重ねていくと、だんだん、「自分で決める」ができるようになります。

そして、**子どもが決めたことには口出し無用です。**

たとえば保育園に着ていく服に、ヒラヒラのフリルがついたよそゆきのかわいい服を選んだ女の子がいたとします。当然シンプルな服のほうが遊びやすいし、親としても保育園着にするのはもったいない。でも、「それを脱いでこっちの服を着なさい」なんて命令したら、子どもは自分の決定を否定されたようで、おもしろくないですよね。

ただし、「ハイハイ」と言うことをただ聞くわけではありません。子どもは、決めるための十分な知識を持っているとは言えないからです。

ですからこういう場合は、**「決めるうえで必要な材料」を伝えてあげる**のです。

「マリちゃんが大好きなお洋服が汚れちゃうかもしれないけれど、ほんとうにいいの？」

「それでもいいもん」と言うのなら、「えーッ、もったいないなあ」と思いつつも、黙ってその決断を受け入れてあげましょう。

結果的に、「やっぱりこれ、遊びづらい！」「汚したくない！」と気づいて服を決め直すのも、またよし。軌道修正の、いい経験になりますから。

ヒントを出して、あとは「自分で考えてね」

5歳児のクラスでクリスマス会の歌を練習しているとき、ミズキちゃんがふざけて指揮を振っている私の真似をしてきました。みんなもそれを見て笑ってバラバラに……。

こういうとき、私はいつもこう尋ねます。

「ねえ、ミズキちゃん。いま、どうするのがいいと思う？ 自分で考えてくれないかな？」

もちろんそれだけでは不親切。ですからちゃんと、

「指揮ってさ、みんなが見て、リズムや速さ、強弱を揃えるためにあるんだよね。それなのに、指揮者が二人いたらみんながわからなくなっちゃうね」

と説明を加えてね。そのヒントを耳にし、どうするのがいいのか自分で考えてもらうわけです。ミズキちゃんは首をかしげて少し考えて、「歌う」と決めてくれました。

自由に生きるためには、考える力が不可欠です。

なーんにも考えないのも、言われたことを鵜呑みにするのも、自由に生きるための壁と

なります。

ですから私は、子どもたちに「自分で考えてね」って年中言っているのです。

子どもって、大人がやめてほしいことばっかりします。

はしゃいで、おちゃらけて、かわいいんですけどね。

でも、このとき一方的に「やめなさい！」で押さえつけると、考える機会を奪ってしまいます。「ママがやめろって言うからやめた」になっちゃう。

だから、**自分で考えて、どうするか自分で決めてもらう**のです。

同じように、先周りしすぎるのも子どもの考える機会を奪ってしまう要因になります。「ほらほら、危ないでしょ！」「ほらほら、次はこうしなさい！」

……ね、覚えがありませんか？

喉まで言葉が出かかっても、ぐっと飲み込んで、静かに見守って。

子どもがつまずいたら、そのときはじめて気づいたような顔をして「こうしたらいいんじゃないかな？」「お手伝いしましょうか？」と提案すればいいのです。

自分自身のことを理解できる子に

「自分自身について考える」

これ、あまり子育ての場面で語られませんが、とても大切なことだと思います。**自分の心と身体に向き合って、健やかに生きていくうえで絶対に必要**ですから。

うちの園では「自分について考える機会」をつくるため、2歳以降の給食はバイキング形式としています。自分でなにをどれだけ食べたいか考えて、調整してもらう。バイキングは、子どもが己を知る練習なのです。

お母さんたちは「先生、うちの子はバイキングなんて経験がありません。うまく選んで食べられるでしょうか……」と心配されますが、大丈夫、どの子もはじめはうまくいきませんよ。お皿に取りすぎちゃって、ぜんぜん食べ切れない子。ひと種類だけ、たっぷりよそっちゃう子。食が細く、ほぼ食べない子。いろいろです。

でも、そういうときも、ああだこうだと指示を出したりしません。

「今日の量じゃあ、多すぎたんだね」

「いっぱい食べたかったんだね。でも、ほかの子の分がなくなっちゃわないかな？」

「少しずつでもいろいろ食べると、お昼も元気に遊べるよ」

そんなふうに声をかけていくと、だんだん上手に調整できるようになっていきます。


一般的に、給食と言えば決まった献立を、決まった量で提供するでしょう。そうすると栄養バランスも取れますから、理に適っています。

それなのに、うちはなぜバイキング形式にしたか。

まず、食事は強制されるべきことではなく、楽しい時間であることが基本だからです。

そしてやっぱり、**子どもには自分のことを自分で決める力がある**と信じているから。

大人だって、「今日はパン一つでいいや」と思う日も、「ああお腹が空いた、モリモリ食べたい」と思う日もあるでしょう。好き嫌いだって、多少はあるでしょう。

子どもも同じです。毎日、みんなと同じメニューを同じ量だけ食べさせられる。それがあたりまえというのは、ちょっとおかしいなと思うのです。

……と、えらそうなことを言っていますが、私も以前は昔ながらの保育をしていたおっかない保育士でした。

ちんたら食べる子どもを急かして、みんなが昼寝に入っても食べさせて、最終的には残りを口の中に突っ込んで布団に寝かせる。いま思えば窒息しかねないし、よくそんなことをしていたな、とおそろしく思います。

「食べねばならぬ」の幼児教育に支配されていたんですね。

一生懸命で、その子のためを思ってのことでしたが、「食べる」が楽しい体験にならなかったのは明らかです。保育園そのものに、イヤな記憶を持ってしまったかもしれない。申し訳ないことをしました。

そんな保育に対して「おかしい」と声を挙げたのは、幼児教育のヨの字も知らない、完全なるシロウトだった次男、つまり園長です。

「そりゃ、無理やり食べさせたら栄養は偏らないかもしれない。けど、食事にはもっと大切なものがあるだろう」

はじめは「そんなこと言ったって、栄養が……」とか「保育の常識では……」と思いましたよ。できっこないって。

でも、バイキングをはじめてみて、子どもたちの表情を見れば、どちらが幸せかは一目瞭然でした。

お母さん、お父さん自身も、時間だからとなんとなくごはんを食べていませんか。ほんとうにお腹が空いているか、食べる必要があるのか、なにが食べたいか。ぜひ、あらためて意識してみてください。

「最近、自分の内側の声に耳を傾けていなかったわ」と気づくかもしれません。

もちろん、食欲だけではありません。今日の体調は。心の様子は。調子はいいか。無理をしていないか――。

自分自身を見つめる習慣がついていないと、身体や心の声に気づくこともできません。

子どもには、早いうちからその習慣を身につけてほしいと思っています。

話し合いの経験が問題解決能力を伸ばす

お昼ごはんに関連して、もう一つ。

うちはそもそも、遊びに夢中だったりお腹が空いていなかったりして「いまは食べたくない」と子どもが思ったら、食べなくてもかまいません。保育士は「お昼の時間だけど、どうする？」と聞きますが、決めるのは子ども本人です。

ただ、「食べない」と言っても、ほんとうに食べなければ、当然あとでお腹が空いてきます。そのとき子どもが「先生、ごはんほしい」と言ってきたら、「あら、さっきはいらなかったけど、やっぱりお腹が空いちゃったのね」なんてお話ししながら、一緒にごはんを探しに行くのです。

もし、まだクラスのバイキングのお皿に残りがあれば、「どうぞ」。

クラスにもう残りがなかったら、「おいしくてみんな食べちゃったんだね。困ったね。じゃあ、となりのクラスを見てみようか」。

そこにもなければ、「給食のおばちゃんのところに行ってみようか」。給食室にもなければ、「なかったね。みんな食べちゃったんだね」と言っておしまいです。運がよければ食べられるけれど、そうでなければ自分で自分の選択の責任を取るしかないね、というわけです。

ただね、子どもって利口なの。だんだん、「食べない」から「取っておいて」と言うようになってくる。「大川先生、ぼくの分、取っておいてね！ あとで食べるから！」って。けれど、その子の分を取っておくと、また別の問題が起きます。いつまでも食べないと、おかわりしたい子が「先生、あそこに残ってるやつ食べたいよ！」と主張し出すのです。それに、いつまでも取っておくと衛生面も心配でしょう。

そこで、子どもたちとルールを決めることにしました。

「みんな、お昼ごはんを取っておいてほしいときがあるよね。でも、食べるか食べないかわからないとおかわりしたい子がかわいそうだし、ずっと置いておくと腐ったりして危ないの。さて、どうしましょうか」

みんなでああだこうだ意見を出し合った結果、「取っておく時間を決めよう」ということになりました。時計のながい針が3のところになるまで（13時15分まで）は、取っておいてあげよう。それを過ぎたら、ほしい子にあげちゃおうって。

そのルールをつくったのは「みんな」、つまり「自分」でもあるわけです。

だから、子どもたちはちゃんと守ります。食べたかったら13時15分になる前に戻ってくるし、遊びに夢中で決めた時間を過ぎてしまったら、ほかの子が食べても文句は言わない。

でも、そういうときはお腹が空いて仕方がないから、次は同じ間違いをおかさないよう慎重になりますね。

こんなふうに、なにかを決めるときに保育士が一方的にルールを押しつけることはありません。みんなで考えて、話し合って、納得できるルールを決めるのです。

ときにはお題自体も子どもたちから出てきます。

ケンカも、子ども同士で仲裁し合っています。

大げさかもしれないけれど、民主主義の基礎がつくられているんじゃないかしら。

ありがたいことに、小学校の先生や周りの大人の方々から「小保幼児生活団にいた子どもたちは問題解決能力が高い」と言っていただけるのは、こうした保育のおかげかなと思います。

おうちでも、**親が決めたルールを子どもに守らせるのではなく、一緒にルールを決めてみてはいかがでしょうか。**

反発心の強いきかん坊でも、「自分が考えて決めた」という意識が芽生えれば、得意げに守ってくれるかもしれませんよ。

子どもは機会さえあれば勝手に学んでいきます

「おもちゃ持ち込み可」。

ふつうの園ではありえないと、これもおどろかれるポイントです。

私たちは、「親が買ったものでも、子どもに買い与えた瞬間その子のものになる」と考えています。ですから家に置いてこようと、園に持ってこようと、友だちにあげようと、持ち主である子どもの自由というわけです。

これもはじめに言い出したのはやはり園長ですが、はじめは「えーッ、おもちゃを持ち込むなんて、無理、無理！」と思いました。そんな保育は聞いたことがない。トラブルになるんじゃないかしら、と不安があったのです。

そんな私に園長は、こう言いました。

「もちろんはじめに、『壊されちゃうかもしれないし、なくなっちゃうかもしれないけど、いいの？』と知識を与えますよ。そのうえで決断するのは、子どもの自由でしょう」

まあ、たしかにそうだけど……と半ば説得されてスタートした、おもちゃの持ち込み。

「推奨はしないが禁止はしない」というルールでしたが、実際、はじめは大変でした。

「おもちゃを持ってきていいですよ」と伝えると、さっそく意気揚々と高価で精密なおもちゃを持ってくる子がいました。私は「うわあ、壊れたら大変！」と慌てたのですが、子どもたちは「遊びたい！」と大興奮。

でも一人で遊ぶようなおもちゃだったので収拾がつかなくなって、その日はすぐに倉庫にしまってしまいました。ふぅ、どうなることやら……。

と、はじめはてんやわんやでしたが、子どもってすごいのです。

だんだん、おもちゃを使って友だちとうまく遊ぶことを覚えていきました。何人かで遊べるおもちゃを持ってきたり、同じおもちゃを持っている子同士で約束して持ってきたり。見ていると交渉したり、社交に使うような子もいたりしておもしろい。

ある子は「あんないいおもちゃを、つまらないおもちゃと交換しちゃった」としょんぼりしていた、とお母さんが言っていました。

「ソンしちゃったよ。もう、園には持っていかない」

なるほどなあ、と感心しました。その子にとっては残念でしたが、大切なモノをどう扱えばいいかということやモノの価値、交換とはどういうことかなど、たくさんの学びがあったことでしょう。園長はこういうできごとを通して、子どもに「勉強」してほしかったのだと思います。

子どもは、機会をつくればどんどん学んでいきます。

「おもちゃ持ち込み禁止」では学べないことが、「おもちゃ持ち込み可」にはあるわけですね。

余談ですが、最近の子どもはほんとうにモノをほしがらないみたい。

「お誕生日はなにがほしいの?」と聞くと、「別に」って言われちゃうの。あと、あまり大切じゃないおもちゃは園に放置したり、「もういらない」と友だちにあげたりね。

これも時代かなと思いつつ、やっぱりどんな時代でもモノは大切に、ていねいに扱ってほしいものです。そんな心を育てるためにも、「できれば、おもちゃは誕生日やクリスマスのように、特別な日にだけ買ってあげてね」とお母さん方には伝えています。

「守る」と「育てる」のバランスを考える

31ページでも触れましたが、「保育」という言葉には、「保護（守ること）」と「教育（育てること）」という意味が込められています。0歳、1歳の年齢が低い子ほど「守る」の割合が大きい。成長するにつれ、「育てる」の割合が大きくなっていきます。

ただし、何歳になっても保護の要素がなくなるわけではありません。大切な命を守るのは、絶対。取り返しのつかないケガは、絶対にさせてはいけないのです。

むずかしいのが、「保護」を重視しすぎると、「教育」がないがしろになってしまうことです。なにがなんでもケガ一つさせない！　となると、「何もさせない」が正解になってしまいますから。もちろん、それはいい保育ではありません。

「じゃあ、どうやったら、保護と教育を両立できるかしら？　守りながら、大きく育てられるかしら？」

……それで生まれたのが、**「安全のルール」を子どもたちと一緒に決める**ことでした。

たとえば以前は「マリアの丘」と呼ばれる、園庭（山）のてっぺんのエリアへは子どもだけで行くことを禁止していました。目が届かないし、道中も整備されていないところがあって危ないと判断していたんです。

でもそれは「守ること」だけ考えていて、「育てること」にはならない。子どもも行けるようにしたいね、という話になりました。

そこで、最年長である5歳児クラスの子どもたちと保育士で、マリアの丘への道を一緒に歩きながら、一つずつルールを決めることになったのです。

「あっ、あの木は細いね。のぼったら危ないね」

「ここから先は、ハチさんが出てきそうだね」

指さし確認しながら、地図に書き込んでいく。基本のルールも子どもたちが決めました。

・マリアの丘へは、ひとりで行かない
・マリアの丘へ行くときは、必ず先生に「いってきます」と告げる
・マリアの丘から帰ってきたら「帰りました」と言う

そして、こうした決めたルールを15時半のおやつの後にある「さよなら集会」で発表し

て、全員のお約束にしました。その後、お約束を書いた地図はずっと部屋に貼っています。言うまでもありませんが、ふだんの保育では、大きな事故につながりそうな要因は徹底して取り除いています。

誤飲事故につながるもの（子どもの喉に詰まる小さなものや電池、ボタンなど）は置きません。ほかの園で蝶番のドアで子どもが指を切り落とす事故があったため、園内のドアはすべて引き戸に変えました（一箇所だけある開き戸は、指がはさまらないよう隙間をつくっています）。ブランコも、座る部分をビニール素材に変え、万一ぶつかっても頭を切らない仕様になっています。

「ここは絶対」という安全は守る。けれど、先回りしすぎて子どもの学びの機会を奪わないようにしているのです。

正直ね、保育者としては、「すべて禁止」のほうがずーっとラクなんです。

でも、あれもダメ、これもダメだと、子どももつまらないでしょう。

安全について、どうやったら「守りながら育つ」が両立するか考えるのも楽しいものですよ。おうちでもぜひ、考えてみてください。

危なくても、面倒くさくても、経験させてみる

危ないもの。汚れるもの。壊れるもの——。

身の回りには、子どもに触ってほしくないものがいろいろとあるものです。そういうものに対して、子どもは笑ってしまうくらい興味津々になりますよね。手の届かないところに置いたり、ごまかしたり、禁止したり……お母さんはさまざまな工夫をこらすでしょう。

でも私たちは、親のみなさんが「ちょっと触ってほしくないな」と思うようなものも、なるべく隠さないようにしています。園に見学に来られた方は、その姿勢にもおどろくようです。

たとえば、0歳と1歳が食事を取るテーブルの上に花を飾っていること。

「こんなところに花瓶を置いていて大丈夫ですか？　子どもがひっくり返しませんか？」

もちろん園に通いはじめたばかりの子は、花瓶から花を引っこ抜いたり、花瓶を倒したりします。保育士は、「お花がきれいだから飾ってるんだよ」「花瓶を倒すと濡れちゃうね、

冷たいね」と言いながら後片づけする。

するとだんだん、子どもたちは「お花は花瓶に生けてあるものなんだな」「花瓶を倒すと濡れるし、先生も後片づけが大変そうだな」と自分で考えて、手を出さなくなるのです。ほんとうですよ。

見学者におどろかれるポイントは、ほかにも「させること」に多い気がします。どの年齢の子も好きなコンクリートの坂を四輪車でザザーッと下る遊びは、「そんなこと危なくてとてもさせられない」とおっしゃいます。

ジャングルジムもブランコも日本中の保育園で次々と撤去されていますから、子どもたちがふつうに遊んでいることが「信じられない」と目を見開かれます。

食器が陶器なのも、「扱いが大変じゃないですか」とよく言われます。

私はそのたびに、「子どもの経験になりますし、子ども自身がよーく考えますから」と答えるのです。陶器のお皿を使っているのは本物に触れてほしいのと、「落としたら割れてしまう」ことを知ってほしいからです。

「次は気をつけなきゃ」「どうすれば割れないかな」と自分で考えて、試してみてほしい。触ってほしくないものを隠していたら、その「考える練習」ができないでしょう。

また、園舎は子どもたちの〝昼間の家〟を目指しているので（子どもたちにとって家以上に居心地のいい場所はありませんから）、畳が敷いてあり、障子がはめこんであります。これも、子どもがいるからといって特別な補強はしていません。

だから障子はだいたい、入園まもない子がおもしろがって、指でプスプスと穴を開けていきます。そのたびに、子どもと一緒に保育士が張り直していくの。

その姿を目にすることで、「ボクが破った障子、先生が直してる。悪いことをしたな、もうやめよう」と学んだり、ほかの子どもが「ねえ、先生が大変だから、ダメだよ」と言い出したりするのです。

「あれもダメ、これもやめておこう」ばかりだと、なんにも経験できません。経験しなければ、考えることができません。考えなければ、子どもは育たないでしょう。

だから私は、「どうすればできるか」に頭をひねるのです。

「あれはなんだろう」

「こうしたらどうだろう」

「失敗しちゃった」

「次はこうしよう」

そんな好奇心や意欲を、できるだけ伸ばしてあげたいと思っています。

第2章
親が守りたいコミュニケーションの約束

子どもの「困った」はプラスの面を捉えてみる

子どもは、ずっとなにもできない赤ちゃんのままではありません。

寝て、泣いて、おっぱいを飲むくらいしかできなかった3000グラムの小さな子が、ずり這いして、ハイハイして、つかまり立ちして、歩いて、世界を広げていく。

笑って、しゃべって、コミュニケーションを深めていく。

手先が器用になって、自分で自分のことができるようになって、自立に向かっていく。

気づけば、めったに抱っこしないくらい大きくなって——。


こうして見ると、人間ってすごい。

信じられないような成長を見せて、すくすくと大きくなっていく。

一つひとつ成長を感じるたびに、保育士としても大きな幸せをもらえます。


ところがお父さん、お母さんが直面するのは、こうした〝いい成長〟ばかりじゃありません。

ワガママ。イタズラ。叩く。口答え。反抗。ウソ。……子どもは、たくさんの「困った」を連れてきます。

「昨日までそんなことしなかったのに！」もたくさん。怒ったり、がっかりしたり、頭を抱えたり、心配したり。お母さんは子どもが大きくなるまで、何度心乱されることでしょうか。ほんとうに、お疲れさまです。

そんな親御さんたちに、２８００人もの子どもを見送ってきた私が伝えたいのは、**「子どもの困った行動は、まずはプラスに捉えてみましょうよ」**ということです。

たとえば1歳の子どもは、相手にガブリと噛みついてしまうことがあります。……いえ、「こともある」というより、集団においては年中行事です。

これ、幼い子は仕方がない。私は入園式でいつも「ごめんなさい、よーく気をつけますが、噛んだり噛まれたりの事故は起こってしまうと思います」と先に謝ってしまいます。

感情をうまく処理できないとき、まだ言葉が使いこなせないとき、自分の気持ちを伝える方法として口が出てしまうのです。とくに、おもちゃなどの取り合いで起こりやすい事故です（もちろん「仕方ない」では終わらせませんよ。噛むかわりにどうしたらいいか、しっかり伝えていきます）。

それでね、噛んだ子のお母さんって、やっぱりとても気にするの。うちの子は暴力的なんでしょうか、攻撃的なんでしょうか、とね。自分の子が加害者になるおそろしさは、よくわかります。

でも、「ガブリ」も子どもがスクスク成長している証です。

だから安心して、むしろ「あら、意思が出てきた」とよろこんでもいいくらいですよ。

「おもちゃを取られたくない」の気持ちも、成長したからこそ芽生えたのですから。

子どもの「困った」は、成長の軌跡です。

歯のない赤ちゃんはガブリと人を噛めません。

安定して歩けないと手で叩くこともできません。

言葉をしゃべれない1歳児はウソをつくこともありません。

そうでしょう？

ですから**子どもが困ったことをしでかしたら、まずは「あッ、こんなことができるようになったんだな」、と一緒によろこびましょうよ。**

私ね、**「まあいいか」の気持ちって、楽しくしなやかに生きていくうえですごく大切**だと思っています。子どもたちにも、「まあいいか」と大らかに思える子になってほしい。

だからお母さん、お父さんも「困った」に直面したら、いったん「まあいいか」と唱えてみてください。そして、「いったい今度はなにをしてくれるのかしら」とおもしろがってみてください。

深刻になっても、事態はさほど変わりません。

せっかくなら、プラス思考で子育てしましょうよ。

子どもは対等な存在。上から目線で命令しない

「さあ、時間だからお片づけして！」

うちの園では、そんな言葉は一切聞こえてきません。だって、「～して」は命令でしょう。大人相手にしないことは、子どもにもしないのです。

これはアドラー心理学の考え方ですが、子どもにも人格があります。身体が小さいだけ。経験や能力が足りず、できないことが多いだけ。決して、大人より劣った存在なわけではありません。ですから、一人の対等な人間としてやりとりするのです。

たとえば、**なにか行動を起こしてほしいときの語尾は、「～してくれませんか？」「～してくれるとうれしいのだけど」**。命令ではなく、お願いをするのね。

これ、仕事でだれかにものを頼むときと同じだと思います。

「する」か「しない」か相手が考えて、「しない」と決める余地を残す。これがポイントです。

うちではどの保育士さんも、みんなあたりまえに「ジョウロを貸してくれませんか？」「お着替えをしてくれませんか？」と話しかけています。

「ウチの子はやんちゃだけど、そんな優しい言い方で、言うことを聞いてくれるかしら……？」

そう思われるかもしれませんが、いえいえ、言うことを聞くかどうか決めるのは子ども本人ですよ。あくまで、「お願い」なのですから。

同じ理由で、園にはお当番もありません。お当番って、いわば「強制」で「命令」でしょう。だから給食係も、生き物係も、お掃除係も、なんにもない。でも、それで困ったことは一度もありません。

では、どうしているか。なにか〝お仕事〟が発生すると、そのたびに保育士が「だれか手伝ってくれませんか？」と聞きます。そうするとかならずだれかが、「ハイ！　ぼくがやる！」と元気に手を挙げてくれるのです（気が向かない子は黙って自分のしたいことをしています）。

大人にとってお仕事でも、子どもにとっては遊びの一つなのね。それに、子どもたちは

「ありがとう」と感謝されることも、とてもよろこびます。

けれども逆に、「やりたい！」「ぼくがやる！」の声が多すぎて収拾がつかないことに、一つだけ当番を決めています。それが「オレンジ当番」。果物ではなく、2歳児クラスの名称です。

うちの園は3～5歳が一緒に過ごす、縦割り保育です。
3歳は、お兄さんやお姉さんを見て育つ。
4歳は、自分がちゃんとやる。
5歳は、年下の子どもたちの面倒を見るわけです。

この5歳児さん、とっても頼りになります。保育士がなにも言わなくても、新しく入ってきた3歳児さんに考え方や遊び方、友だちとのコミュニケーションの取り方、図鑑の読み方まで教えてくれるのです。みんな5歳児さんを真似してどんどん成長していくので、保育士は毎年「私たち、やることないわね」と言い合っています。

それで、縦割り保育に入る前の2歳児さん（オレンジ組）は別の建物で過ごしているのですが、２月になると卒園を控えた５歳児さんが顔なじみになるために、お手伝いにいく時間があります。

このとき、いつものように「だれか、オレンジ組さんのお手伝いをしてくれませんか？」と聞くと、文字どおり全員が「ハイ！」「ハイ！」と手を挙げちゃう。みんな、小さい子の面倒を見たくて仕方がないのね。

毎回みんなが手を挙げるものだから、「だれか……」と聞く意味がないねって話になり、「オレンジ当番」だけは名前の順に回ってくるようにしようと、子どもたちと話し合って決めました。

私たち保育士と子どもも、あなたとお子さんも、対等な人間です。

命令して、押しつけて、それを聞かなかったら怒る。

――それは、理不尽ですよね。子どもの気持ちになると、「えーッ、勝手だなあ」ってなりませんか。

自分が「えーッ」と思うことは、やっぱりしないほうがいいのです。

「いい子」「すごいね」と評価しない

お着替えが上手にできた。率先してお片づけしてくれた。複雑なプラレールを組み上げた。

子どもがそんな〝いい行動〟をしたとき、「すごいね！」「いい子だね！」と褒めていませんか。「褒める育児」という言葉もあるように、親が子どもに褒め言葉を使うのはあたりまえのことだと思われています。

でも、こうした声かけって、じつは〝評価〟の言葉。

つまり、上の人間が下の人間を判定している言葉なのです。

私は90歳を超えていますが、3歳の子どもとも対等だと心から思っています。アドラーの言うとおり人間と人間に、上下関係はないの。

ですから**子どもに対しても評価の言葉は使わず、自分の気持ちを軸に接します。**

たとえばお友だちにおもちゃを譲ってあげていたら、「友だちに優しくできたね。先生、とってもうれしいよ」って。

これはマイナスの声かけも同じで、食事を床に落とされたら、「あーあ、給食のおばちゃんが一生懸命つくったごはんを落としちゃった。先生、悲しいなあ」と自分の気持ちを伝えます。

「ワガママはやめなさい！　ダメな子！」なんて〝評価〟しないのです。

お子さんにやってみると実感すると思うのですが……これ、「褒めない」ほうがずっとむずかしいです。「すごいね！」「よくできたね！」といった褒め言葉は、気を抜くとすぐ口から出ちゃうから。

それに、褒められた子どもはうれしそうだし、また同じように行動してくれるようにもなるわけです。ですから、「褒めることのなにが悪いの？」って以前の私も思っていました。

でも、子どもを褒めることには大きな落とし穴があると知って、がんばって意識を変えましたよ。

その**落とし穴とは、褒められることが、行動の目的になってしまうこと。**

いつも部屋の掃除に率先して取り組んでくれる子を「いい子ね」と褒めていたら、たまたま褒めなかったときに自分から「先生、あたし、いい子でしょ?」と、〝褒め〟を求めるようになります。

そういう子は、廊下にゴミが落ちているとき、周りに見ている人(褒めてくれる人)がいるかどうかで、拾うか放っておくか決めるようになります。

親からの評価に一喜一憂し、テストでカンニングするようになるかもしれない。

自分がやりたいことより、周りから褒められることを優先して、進路や仕事を選んでしまう可能性もある——。

つまり、他人の評価ばかりを気にして行動するようになってしまうのです。

ある意味で「不自由」な人生を送ることになるわけですね。

掃除の例で言えば、私だったら「きれいにしてくれて、先生とってもうれしいな」と伝えます。さらにみんなが集まる「さよなら集会」で、

「みーちゃんがお掃除してくれたから、みんなのお部屋がこんなにきれいになりました」と、みーちゃんの貢献をみんなの前で発表します。

「すばらしい」とか「いい子」ではなく、「貢献してもらって助かりました」と言うの。そうすると子どもたちも自然に、「みーちゃん、ありがとう」と感謝します。

アドラー心理学では、「自分はみんなが参加する社会の一員である」という意識を持ち、その中で自分はなにができるか考えることを目指します。

「だれかによろこんでもらったり、人のためになったりすることって、うれしいな」――褒めずに感謝の気持ちを伝えることで、そんな貢献のよろこびを感じてほしいと思うのです。

「待ってね」と言ったら、かならず約束を守る

子どもの「やりたい」は、なにより大切。

没頭する時間が子どもを大きく育てる。

これは園が大切にしている、基本の考え方です。子どもがやりたいと言ったことには、極力応えます。

でもね、私も3人の男の子を育てましたから、よーくわかります。

家では、いつも子どものやりたいようにはさせてあげられません。親にだって仕事があるし、都合があります。忙しいし、毎日すべきことは山積み！　子どもの気持ちを尊重ばかりしていては、暮らしが回らないでしょう。

たとえば夕ご飯の準備をしているときに突然、「公園に行ってダンゴムシを探したい！」と言われても……無理、無理。いくら「やりたい気持ち」が子どもを育てると言っても、

子どもの奴隷になる必要はありませんよ。

こういうときは、いまできない理由を話し、「次の約束」をすると子どもは落ち着きます。

「これからお父さんがお腹ぺこぺこで帰ってくるからね。ママ、ごはんをつくって待っててあげたいんだ。そのかわり、明日の朝早く起きて公園に行こうか」

大切なのは、このとき**交わした約束は、絶対に守ること**です。


ある三兄弟が、引っ越しで全員同じタイミングで入園してきました。

そのご家庭はお母さんが忙しくて、ほとんどおばあちゃんが子どもたちの面倒を見てくださっていてね。それはめずらしいことでもないのですが、入園後しばらくして、保育士から相談がありました。いちばん上の子が、保育士に「ちょっと待ってね」と言われると、ものすごく怒り出すというのです。

どうしたんだろうね、とゆっくり話を聞いてみると、理由がわかりました。そのおばあちゃんは「待ってね」と言ったら、それでおしまいだったの。言葉のとおり待てど暮らせど、「やりたい」を叶えてもらったことがないんですって。

本来「待って」は「あとで」、つまり「あなたの願いはあとで叶えてあげるからね」という約束でしょう。

「ねえ、ママ、抱っこして?」

「いま揚げものをしているから、ちょっと待ってね」

このやりとりは、お母さんの台所仕事が終わったら抱っこしますからね、という「約束」が交わされた状態ですね。

ところがその三兄弟はいつも、いくら待っても約束を果たしてもらえなかった。歳を重ねてから男の子3人を育てるおばあちゃんの大変さもわかります。「待って」でその場をしのいでいたのでしょう。

でも結果的に、子どもたちにとって「待ってね」は、もはや「無理」「あきらめなさい」の意味になっちゃった。もっと言えば、期待を裏切られた記憶になっていたのね。

大人と子どもは対等な関係だとアドラーは言いました。

大人同士だったら、約束を守るでしょう? それなら、子どもに対しても守らなきゃ。

相手が子どもなら約束を反故《ほご》にしても許される、なんてことはないのです。その後、誤解が解けると、三兄弟はよく育ちましたよ。

できることは、できるだけ叶えてあげる。
でも、子どもの奴隷になる必要はない。
できないことは、理由をしっかり話す。
そして、約束したなら絶対に守り切る。

そうすることで、親は子どもの信頼を得ていくのです。

なにはともあれ、まずは子どもの気持ちに共感する

小さい子どもは、自分の気持ちをきちんと把握することも、ふさわしい言葉にすることもできません。それが歯がゆくて、わーんと泣いたり怒ったりしちゃう。かわいいですね。

そんなときは、**問題を解決するより先に子どもの気持ちを言葉にします。**

「あなたはいまこういう感情なんだよね」と代弁して、共感する。

友だちが使っているおもちゃがほしくてギャーと泣いていたら、「うんうん、おもちゃがほしかったんだよね。遊びたいよね」。

思いどおりに着替えができなくてえんえん泣いていたら、「わかるよ、自分でお着替えしたかったんだよね。悔しいんだよね」。

イタズラや、してほしくないことに対しても同じです。「そうか、あなたは◯◯したかったんだね。でも〜」と一度受け止めてから、伝えたい言葉を続けます。

この人は自分の気持ちをわかってくれている――そう思うだけで子どもは安心するし、

少し落ち着くの。共感される、受け止められる経験って、心にポッと火が灯るようなあたたかさを残すんじゃないかなと思います。

1歳のユウくんは、お昼ごはんのとき、いつもわざとお茶をこぼしていました。

その日もまた何度もこぼし、その都度、保育士さんがテーブルを拭いていました。でも何度目かにこぼされたときに、ふと見ると、テーブルの上のお茶がゾウのかたちに見えたんですって。

「あら、ゾウさんがいるね」と保育士さんが言うと、ユウくんは「うん、ゾウさん」とうれしそうに笑って、はじめて自分でそのこぼしたお茶を拭き取ったそうです。で、それ以降はこぼさなくなった。

大人の反応を試していて、いつもと違う反応が返ってきたから満足したのか、あるいは飽きただけなのか。私は、ユウくんは毎回お茶の池に動物を見つけていて、大人が（偶然にしろ）それを受け止め共感したことで心が満たされたんじゃないかしら、と思うのです。

ほんとうのところはわかりません。わからないから、おもしろい。けれど、頭ごなしに叱っていたら、ユウくんの笑顔が引き出せなかったのは間違いないでしょう。

子どもの行動には、すべて目的がある

下の子が生まれると、上の子が不安定になってしまう。これはよくあることです。じゃあなんで不安になるかって、「ママの愛情が取られた！」と思うからですよね。そりゃあ、生まれたての赤ちゃんは小さいし、か弱い。お母さんがつきっきりになってしまうのは仕方ありません。

園でも、親の愛情をひとり占めしていた子が「上の子」になって不安定になり、お母さんから相談をいただくことがよくあります。

多いのが「いままでできていたことができなくなったんですが……」。上手にごはんを食べられていたのに、立ち上がって歩き回ったり、こぼしたり、残すようになったりね。

これはもう、理由は明白。「問題行動」を起こすと、いつも赤ちゃんばっかり見ているお母さんが自分に注目してくれるからです。

「ちょっと、ヒロちゃん、ちゃんと食べなさい！」

「ほら、こぼさないように気をつけて！」

するとヒロちゃんは、「あ、ようやくママが自分のことを見てくれた！」とうれしくなる。

で、何回か試してみて、学習するの。

「ごはんのときに歩き回るとママが気にしてくれるんだ」

そうして、「問題行動」を繰り返すようになります。大変なときにやたらと悪いことばかりされて、お母さんはイライラ……。

でも、それで叱っても解決にはなりませんよね。

子どもの気まぐれに見える行動にも、ハチャメチャに見える行動にも、ワガママに見える行動にも、全部にちゃんと「目的」がある、とアドラーは言っています。

とくに**問題行動と言われる行動には、かならず目的がある。**

ですから、**叱る前にその目的——何のためにその行動を取っているのかを探っていくの**です。最近どんな変化があったか、叱られたときにどんな顔をしているか、この行動でどんな結果がもたらされているか、考える。

するとこの場合、「私に構ってほしいんだな、甘えたいんだな」とわかるでしょう。

目的がわかったら、それをほかの方法で満たしてあげます。

具体的には、ふだんの行動や〝いい行動〟に目を向けるの。「悪いことをしなくても見てもらえるんだ」と納得したら、注目を集めるための好ましくない行動はぐんと減ります。

「でもね先生、いまほんとうに、悪いことばかりするんですよ……」

疲れ果てた顔でそう訴えるお母さんもいらっしゃいますが、あたりまえのようにできることを見てあげてみてください。

ごはんを食べることでも、お着替えすることでも、あいさつをすることでも、おもちゃを片づけることでも、妹をなでなですることでも——。

ね、なんにもできなかった小さな子が、ずいぶんいろいろできるようになっているでしょう。それに、毎朝元気に起きてくる、それだけでありがたいこと。「悪いことばかり」なんて、ないはずです。

そしてその「うれしい」の気持ちを、言葉にするの。ちゃんと見ているよって。

「ヒロちゃん、ママがつくったオムレツ食べてくれたね、うれしいよ」
「あ、朝ごきげんで目が覚めたね、ヒロちゃんが笑ってるとママうれしいな」

そしてちょっと手が空いたらひざに抱いて、「大好きだよ」と伝えてね。注目を集めようなんて「目的」、するすると消えていきますよ。

ある子が、こんなステキな詩を書いていました。

「やっちゃん（弟です）がねてるとき、
ママが『やっちゃんがねてるからほんをよんであげる』って、
だっこしてくれた。
ぼく、『ちびくろ・さんぼ』がだいすきになっちゃった」

大人の「あたりまえ」で叱らない

いわゆる「問題行動」には目的があると言いましたが、こんなエピソード……というより、心に残っているずいぶん昔の失敗談があります。

ずっと昔、マキちゃんという子がいました。元気な女の子でしたが、その子に話しかけると、いつも「ん？」と言って横を向く。毎日毎日、名前を呼ぶたびにフイッと顔を背けられる。

それで、まだ未熟だった私は「直さなきゃ」って躍起になってしまって、マキちゃんとお話しするたびに注意していました。

「マキちゃん、ちゃんと先生のお顔を見て」

「話をしている人の顔を見るのがマナーよ。横を向かないで」

それでもまったく直らなくて、さらに必死になっていく私——。

ところがある日、担任の保育士がふと気づいたのです。

「大川先生、マキちゃん、右の耳が遠いのかもしれません」

ええーッ！　おどろきながらも合点がいき、申し訳ないことをした……と思いました。マキちゃんは「先生の話を聞く」というちゃんとした目的を持っていたの。それで、よく聞こえるほうの耳を私に向けていた。結果的に、顔を横に向けることになっていたのね。それなのに私は、「目を見て話を聞く」なんて大人の常識だけに縛られて、理由も聞かず、ただ叱っていたのですから。

大人は人生の中で、理想や常識、ルールをしっかり身につけてきています。私なんて、90年分もの「あたりまえ」があります。

そうした「あたりまえ」や常識に沿わない行動（これを「問題行動」と呼ぶのですね）をとる子どもがいると、つい頭ごなしに正してしまいたくなるかもしれません。

でも、子どもはいろんな「目的」を持っていて、ただそれに従って行動しています。

「この子は、どういう気持ちでこんなことをしているんだろう？」

「この行動には、どういう意図があるんだろう？」

子どもをじっくり見て、見つけてあげてください。

「アッ、そういうことだったのね！」って気づくこと、たくさんありますよ。

何気ない「あなたはダメ」、言ってませんか？

子どもは、元気がいちばんです。だから、保育士である私がなんとなく発した言葉や態度で、その元気をくじかないよう気をつけてきました。

たとえば、「あなたはダメ」というメッセージ。正面切ってそんなことを言うお母さんはほとんどいないと思いますが、「あなたはこれが苦手だね」「あまり向いていないね」といったメッセージだとどうでしょうか。何の気なしに口にしがちな言葉ですが、これも子どもにとっては「ダメ」の一つになります。

子どもは、大好きなお母さんから受け取った「ダメ」のメッセージを信じます。そして心に刻み、元気をくじいてしまうのです。

じつは、私もそうでした。

母は絵がとても上手だったのですが、娘の私は美術方面がからきしダメ。私自身はあまり気にしていなかったのだけれど、小学校の参観日のあと、こんなことを言われたの。

「あなたの話を聞いていたら、さぞすばらしい絵が飾ってあるだろうと思ったら、ダメねえ。歌が下手な人のことを音痴というから、あなたは『画痴』ね」

もう、しょんぼりしました。母はきっと軽い気持ちで、冗談めかして言ったんでしょう。でも、「私は絵が下手なんだな」と心の深いところに刷り込まれちゃった。

ですから、その言葉をかけられて80年以上経ったいまでも、絵を描いたり折り紙を折ったり、なにかをつくることには気が向きません。

子どもは、親に否定された自分の能力を好きにはなれないものね。

不用意な発言で、子どもの元気を削いでしまわないように。自分がそうだったからこそ、「あなたはダメ」のメッセージは口に出さないように気をつけてほしいなと思います。

親は忘れても、子どもは忘れないものですから。

理不尽な現実にぶつかった子どもには、ステキなところを伝えてあげる

うちの園を卒園し、小学校に入学したばかりのタカちゃん。ある日、お母さんから「先生、じつは学校でこんなことがあったんですけど……」と電話がかかってきました。

授業で新聞紙を使うから、ひとり3枚持ってきなさいと先生が言った。タカちゃんは、「忘れてしまう子もいるだろうから」と10枚持っていった。案の定、忘れてしまった友だちがいたから新聞紙を分けてあげた。すると先生から、「忘れた子には『困る』という罰が必要なのだから、余計なことをするな」と怒られた。

「……どう思いますか？」というわけです。

たしかに「罰」という発想は、園にはありませんでした。また、タカちゃんが周りに貢献したいという気持ち、困っている友だちを助けたいという優しい心を持っていたのは明らかでしょう。お母さんがモヤモヤするのもわかります。

けれども私は、「先生が『罰が必要だ』と考えるのであれば、それに従うしかないわよね」と答えました。園と学校は違うところですし、先生にも考えがあるでしょうから。

「でもね、お母さんはかならずタカちゃんにこう伝えてあげてね。『ママは、タカちゃんのその優しい気持ちが大好きだよ』って」

私がそう言うと、タカちゃんのお母さんは納得したように電話を切りました。

タカちゃんのように、子どもが育つうえでは理不尽さや不条理に戸惑うこともあるでしょう。怒ったり、落ち込んだり、ふさぎ込んだりする姿を見るのはつらいものです。

そんなときは、「ママは、あなたのそういうところが好き」と伝えてあげる。

もしかしたらその場にはふさわしい振る舞いではなかったかもしれないけれど、あなたのステキなところで、ママはそこが大好きだよって認めてあげるの。

すると、大好きなお母さんが好きでいてくれるならいいや、って子どもは納得します。

「ぼくはぼくのままでいいんだな」って。

そんな安心感を得ることで、子どもの愛おしい長所を失わずに済むんじゃないかしら。

きっとタカちゃんは、とても優しい大人になったと思いますよ。

信頼できない大人には、子どもは本音をしゃべらない

タカちゃんに関しては、もう一つ印象的なできごとがありました。

小学校でタカちゃんが背の低い子に「チビ」と言ったということで、「先方の保護者に謝罪してください」と先生からお母さんに電話があったそうです。

お母さんは学校から帰ってきたタカちゃんに、「友だちにチビなんて言ったの？」と早速確認しました。

「言ったよ」

「どうしてそんなことを言ったの？」

「あっちが『おいデカブツ』って言うから、『なんだチビ』って言い返したんだよ」

「なーんだ、そうだったんだ。それ、先生に言わなかったの？」

「言ったってさ、先生はおれの言うこと聞いてくれやしないから」

そのときお母さんは、園にいたときに私が保護者のみなさんにお話ししていた、あるエピソードを思い出したそうです。

もう30年くらい前になるかしら。小俣幼児生活団には、子どもたちにとても好かれている用務員のおっちゃんがいました。

ある日、そのおっちゃんから「大川先生、園舎の裏にある、植えたばかりの木が引っこ抜かれている」と報告がありました。あら、だれが抜いたのかしらと思いつつ植え直したのですが、翌日に見るとまた抜いてある。

３日目になって、「今日も抜いてあったんですが、となりのホンダのおばちゃんが見ていて、犯人はノリちゃんだって」。

それでおっちゃんは、すぐにノリちゃんに聞いてみたそうです。

「なんで引っこ抜いたんだ？」

「ううん、ぼくは抜いてないよ」

「そうか。じゃあ、なにをしていたんだ？」

「あのね、セミの幼虫を探していて、一生懸命土を掘ってたら木が倒れてきたんだよ」

そう、ノリちゃんは、引っこ抜いたつもりはなかったのね。

「……ということです、大川先生。だからノリちゃんには、この木はきれいな黄色い花が咲くから、もう倒さないでくれよな、って伝えておきましたよ」

私、思わず、「おっちゃん、それでよかったよ！」と声をあげました。

よく頭ごなしに叱ったり、「言い訳をするな！」「ウソをつくな！」と声を荒げたりせず、ていねいに子どもの言い分を聞いてくれたねって。

ふつう、大人が「犯行現場」をおさえたら、それを証拠に呼びつけ、説教して、謝らせるでしょう。

でもおっちゃんは、ちゃんと子どもの言葉を引き出し、目的を聞き出した。

ノリちゃんも、してはいけないことを学ぶことができた。だから、おっちゃんは子どもに慕われているんだ、と感動してしまいました。

この話を園長にすると、こんなふうに言いました。

「おっちゃんの対応もすばらしいけれど、ノリちゃんがおっちゃんにちゃんと自分の気持ちを話したってことがいちばんうれしいね。この大人は自分の言うことを聞いてくれるという信頼関係があるから、言えたんだ」

ほんとうにそのとおりです。

どうせこの人は話を聞いてくれないと思ったら、子どもは口を閉ざすか、ウソをつきます。だから親は、子どもに信頼されなきゃいけないのです。

――というエピソードを、タカちゃんのお母さんにも話したことがあったのですね。

タカちゃんのお母さんは、その話を思い出したと言っていました。

「子どもは、ほんとうに、信頼関係のない大人には口をつぐむのですね……」

子どもは大人をよく見ていて、信頼に足る人物かどうか見定めているの。子どもを無意識にでも見下している大人、話を聞かない大人、怒る大人は、残念ながら信頼されません。

この人は、自分を対等だと思っている、聞く姿勢がある。

そう認めてようやく、彼らは自分の気持ちを教えてくれるのです。

子どもって、なかなかシビアですよ。

言いたがらないときは、口をこじあけない

あるお母さんが子どもとお風呂に入ると、背中に噛《か》まれたあとを見つけました。「だれに噛まれたの？」と聞いても、頑《がん》として答えない。しまいには「ぼくが噛んだ」なんてバレバレのウソをつく。

「もう！　自分じゃ届かないでしょう。さあ、だれに噛まれたの？」

お母さんは怒って問い詰めたんですって。するとその子はモジモジしたあと、「トッチに噛まれた」と言いました。トッチは、園でも有名なあばれん坊です。お母さんもその子の存在は知っていたので納得して、「ああ、トッチに噛まれたのね。それは痛かったわね、かわいそうに」とその話を終わらせました。

翌日、お母さんは園の担任に手紙を書いてこられました。

「こんなトラブルがあったそうです。もっと子どもたちをちゃんと見てください」

ところがね、保育士はそれを読んで困ってしまった。前日、トッチはお休みだったから。

じゃあ、なぜその子はそんなウソをついたのでしょうか。

……自分が先にだれかに悪いことをして、その反撃として噛まれたからです。

相手が叱られたら、自分の「悪事」もバレてしまう。怒られてしまう。

それはイヤだなあ、と考えたのでしょう。知恵がありますね。


「言いたくないなあ」と思っていることを問い詰められると、子どもはするりとウソをつきます。ですから私は、子どもが言いたくなさそうなこと、のらりくらりとはぐらかすことは、無理に口をあけようとはしません。

「きっと、なにかあるんだよね。話したくなったら教えてね」

そう伝えて、しばらくそっとしておくのです。


ちなみに「トッチ事件」のその後ですが、結局、お母さんにはトッチが前日お休みだったことは伝えず、ただ「今後気をつけます」と謝りました。もし伝えてしまったら「もう、恥をかいたじゃない！」と子どもを怒るだろうと想像できましたから。それがわかっていて、「この子はウソをついていますよ」なんて……とても言えないわね。

追い詰めずに、逃げ道をつくる。ウソはさらりと流してあげることも大切

子どもがウソをついているとわかっても、私はあえてだまされてあげることが多いです。ここまで何度か取り上げましたが、うちの園では15時半のおやつの後に「さよなら集会」があります。一日の中で唯一、子どもたちが集まる大切な時間です。その日あったうれしかったことや困ったこと、連絡事項を、担任や5歳児がお話しします。


ある日、「さよなら集会」のときに私が聞きました。

「今日ね、ユリちゃんの靴が片っぽなくなっちゃった。だれか知りませんか？」

するとタッくんが「ぼく、探してきてあげる！」と庭に消え、すぐに「見つけたよ！」と靴を片手に戻ってきた。

そう、お察しのとおり、タッくんが隠していたんですね。そのことを、保育士たちもわかっていました。

でも、「タッくん、見つけてくれてありがとうね」と言って、ユリちゃんに靴を渡して、終わりにしたのです。

だって、タッくんもやましい気持ちがあるから、「ぼくが探す！」と言って飛び出したのでしょう。ユリちゃんの靴、返さなきゃとずっと心にひっかかっていた。もう十分、反省しているのです。

それなのに、「あなたがやったんでしょ！」「謝りなさい！」とみんなの前で責めるのは、いい教育とは思えません。そんなふうにつるし上げられたら、次悪いことをしてしまったとき、言い出せない子になってしまうでしょう。

子ども相手に、警察も裁判所もいらないの。「せいぜい赤十字だね」って園長といつも言っています。

子どもはウソをつくものです。保身でウソをつくなんて、よくあることです。

ですから**子どもがウソをついても、あまり叱らないで。追い詰めないで。逃げ道を残してあげてください。ふだんから親に詰められていると、子どもはよりいっそうウソをつく**

ようになりますよ。ほら、大人でも、ついちっちゃい過失でも隠したくなるでしょう。思い切ってだまされたフリをしてあげる度量も、親には必要なのですね。

子どもを子ども扱いしないこと。

仕事相手やパートナーなど、大人と接するように子どもにも対等に接すること。

子どもの人格を認め、それをちゃんと知ろうとすること。

子どもとのコミュニケーションは、この姿勢を忘れなければきっとうまくいきます。

まずは、信頼される大人になりましょう。

第3章
子どもが小さいうちに築きたい、幸せを育む三角形

幸せに生きるために欠かせない「目に見えない発達」

私が発行している「マリアの丘通信」、月に1回集まる有志のお母さんの会、そして頼まれておしゃべりする外部の子育て講習会。どんな場でも私がかならずはじめに触れているのが、子どもの発達段階についてです。

つまり、「子どもってどういうふうに育っていくの?」ということですね。

こうしたお話は私にとっては基本のキですし、何百回お話ししてきたのかわからないくらい。でも、多くのお母さん(もちろんお父さんも)が子どもがどう成長していくかについて案外知らないということは、身をもって実感しています。

ということでここからは、子どもの育ち・発達についてお話ししていきたいと思います。赤ちゃんはいったいどうやって子どもになり、やがて自立していくのか。

いわば、子育てという旅の、道のりについてです。

「子どもの発達」と聞いて、まず頭に思い浮かべるのが「目に見える発達」でしょう。首がすわったり、歩いたり。言葉を発したり、オムツが外れたり。自転車に乗れるようになったり、字が読めるようになったり。親としても実感しやすい成長です。

もちろんこれらは大切な成長ですが、見落とされがちなのが「目に見えない発達」。

ひと言で言えば、心の成長です。

自分のことが大切だと思える力（自己肯定感と言われるものです）や「自分は大丈夫だ」と思える力、最後までやり抜く力、自分を律する力。

また、感謝する力、周りと協力する力、人の気持ちを汲み取る力。

――こうした力は、目には見えません。点数がつけられるわけでもないし、「昨日よりもやり抜く力がついたわ」と、なかなか実感もできない。

けれどこれらは、人間が幸せに生きるうえで、欠かせない力。「成績がいい」より、はるかに大切です。私は保育をする中で、子どもにはこうした力を身につけてほしいとずっと考えてきました。

「見えない発達」は、最近では「非認知能力」と呼ばれています。

国立教育政策研究所などの機関でも非認知能力についての研究が行われていて、ここ数年、保育の研修や勉強会で耳にすることも増えました。「非認知能力は心の土台だからしっかり育むように」って。私としては「あら、これ、何十年も前から子どもたちに身につけてもらおうとしていた力のことじゃない」なんて思いますけどね。

実際、私が親御さんたちに「子どもがどのように自立していくか」をテーマにお話しするときは、次ページの三角形を使っています。

保育の専門誌『保育の友』でずっと連載をつづけられていた〝保育の神様〟村田保太郎先生がおっしゃっていたことに、私なりに味つけしたものです。ね、どれも「見えない発達」でしょう。

この三角形は、下から順番に育てていくものです。逆三角形では不安定です。

また、「〇歳になったら次の段階に進みましょう」といった年齢の目安はありません。

その子なりのペースで、一つずつ積み重ねていく。下の土台部分がシッカリしていなければ

発達の三角形

ば、いくら高等な教育をほどこしてもグラグラと不安定に揺れてしまうのです。

この三角形を見ながら、子どもの「育ち」についてお話ししていきましょう。

抱っこ、抱っこ、抱っこ！

〜 ステップ① 情緒の発達と安定 〜

まず、人生を支えるもっとも重要な土台となるのが、「情緒の発達と安定」。かんたんに言うと、「**自分は大切な人間だ**」という実感、「**お母さんもお父さんも大好き！**」という気持ち、親子の絆《きずな》や信頼感を育てることね。

ご存知のとおり、人間という動物はうまれた後、数ヶ月にわたって自分ひとりではなんにもできません。馬やキリンはうまれてすぐに立ち上がって自分の身を守ろうとするのに、人間の赤ちゃんは寝返りすら打てないのですから、ほんとうにか弱いものです。野生ではとても生き延びられないでしょう。

人間の親は、そのか弱い存在を守ってあげる必要があります。寝不足でフラフラになりながらも、子どもが唯一できる意思表示「泣く」に応えつつ（「泣く」は赤ちゃんが生き延びるためDNAに埋め込まれた作戦です）、その子の情緒を発達させていくわけですね。

発達の三角形

どうすればいいのって、むずかしく考える必要はありません。

とにかく抱っこ、抱っこ、抱っこです。

泣いたらすぐに抱っこ、求められたら抱っこ。用がなくても抱っこ、です。

最近のお母さんたちは物知りです。子育てについてよく勉強しています。

ですから、赤ちゃんが泣いていても、

「お腹が空いたのかしら？　でも、まだおっぱいをあげて1時間しか経っていないし……」

「オムツが濡れたのかしら？　でも、最近のオムツは性能がよくて、4～5回のおしっこくらいなら漏れずに使えるのよね」

と放っておく人もいます。もうだいぶ少なくなりましたが、「抱き癖がつくから」と泣きっぱなしにさせたりね。

でも、こんなふうに接していたら「あれ、泣いてもだれも助けてくれないぞ」と子どもの脳は学習してしまいます（ある学者の先生は、「神経細胞のつながりが強くなる」と表現していました）。

あきらめずにもう一度「助けて！」と泣いて、また放っておかれて、「やっぱりだれも来てくれない」。この経験を重ねて、「泣いてもだれも守ってくれない」ってあきらめてしまうのです。

親にとって子どもは、まちがいなく唯一無二。特別なわが子です。

でも、子どもにとってはそうじゃないの。**はじめから親を特別な存在に思っているわけではないのです。**

ただ、イヤなことがあって、うわーんと泣いていると、いつも同じ人の「どうしたの、よしよし」と優しい声が聞こえる。抱っこしてもらえる。腕にすぽんとおさまる自分を見つめる笑顔が見える。そして、お腹を満たしてくれたり、オムツを替えてくれたり、ゆらゆら揺れてくれたり……。

ああ、あたたかくて安心するなあ。いつも助けに来てくれるこの人の声や顔、匂い、なんだか好きだなあ。

——そういうふうに神経細胞がつながっていって、だんだん親が特別な存在になっていくのです。

こんなあったかさを学習した脳と、「だれも来てくれない」「泣いてもムダ」と学習した脳。やっぱり、その後の育ち方が違うと思いませんか。

最近の研究では、「１歳までの育ち方が大切」と強く言われます。それは、こうした経験をとおして「情緒の発達と安定」が育ちやすいのが０歳児だからでしょう。

なにはともあれ**抱っこして、目を向けて、語りかけて、いじくり回して**。たくさん構って、めいっぱいスキンシップをとってあげてください。

「情緒の発達と安定」なんていかにも大事そうな項目なのに、そんなことでいいのかしらって思われるかもしれません。

「そんなこと、あたりまえにやっている」という方も多いでしょう。

もしそうなら、あなたの子育ては100点満点！　子育てのスタートとしては、それ以上の仕事はありませんよ。

抱っこを重ねるなかで、知らず知らずのうちにどんどん絆は強くなっていくし、子どもの心はスクスク育っていきますから。


一方で、産後に心や身体のバランスを崩したり、育児ノイローゼになったり、さまざまな事情で忙しかったりして、「スキンシップが足りなかったかも」と不安に思うお母さんもいらっしゃるかもしれません。「ちゃんと土台がつくれていないかも」「情緒の発達、うまくいっているか自信がない」って。

あのね、いまそう思えたなら大丈夫。

子どもが3歳でも5歳でも、今日から積み上げていきましょうよ。「1歳までが大事」とはいえ、子どもの人生は長いのですから。

どうか焦らずにね。まずは今日から、抱っこ、抱っこの生活を送ってみませんか。

「自分でやる」を育てましょう
～ ステップ② 自主性の発達 ～

次にくるのが自主性。言い換えれば「意欲」でしょうか。

身の回りのこと、遊び、勉強、部活、アルバイト、仕事……自分のすべきことを自分でやると決め、他人の干渉を受けずに行動に起こせる力です。毎日をワクワク過ごし、人生を謳歌《おうか》するためには欠かせない力ですね。

第1章でお話ししたように、**自主性を育てるには、「子どもがやりたいことをやりたいだけさせてあげること」がいちばんの早道です。**

ただし、子どもがこの能力を身につける過程では、大きな、大きな嵐を経験しなければなりません。

そうです。いわゆる「イヤイヤ期」です。

なにをしても気にくわず、泣いて、怒って、暴れる。

なんでもかんでも「自分でやる!」と主張する。

身体中からエネルギーを発して「イヤーーー!」と声をあげる。

——こうした子は、園にもよくいます。もちろん子どもが「イヤイヤ」する原因はいろいろとあるけれど、その中でもやっぱり、「自分でやりたい(のにできない!)」で爆発することが多いです。

やりたいことは次から次へと出てくる。それなのに、能力が足りず思うようにことが運ばない。歯がゆくて、キーッとなってしまうのですね。


イヤイヤ期は多くのお母さん、お父さんをホトホト疲れさせるようです。来る日も来る日も、一日中、癇癪《かんしゃく》を起こしているような子もいます。

どこに「イヤイヤ」がはじまるボタンがあるかわからないから、家でも気を遣って大変なんです、っておっしゃるお母さんもいます。

でもね、私たち保育士は、子どもにイヤイヤ期が出てくるとみんなよろこぶの。お母さんに相談されても、まずはかならず「よかったわね」。

そして、「この気持ちを大事にしてあげてね」って言います。

発達の三角形

だって、なんにもできない無力な赤ちゃんだった子に、「自分でやりたい、やってやる」という意欲が出てきたのですから。ぼんやりとしか見えなかった自我が、ハッキリ顔を出したわけですから。自主性のある、自立した大人への第一歩を踏み出したのですから！　**いわばイヤイヤ期は、「やるやる期」なのです。**

だから私、イヤイヤ期に悩んでいるお母さんには、「意欲もなにもないような子はロクな大人に育たないわよ、〇〇ちゃんは立派よ！」なんて言うのです。

そうは言っても、家でも外でも「イヤ！」の声ばかり聞いていると……気が滅入ってしまいますね。少しでも癇癪をおさめたいのが本音でしょう。

じゃあ、泣きわめく子どもにどう接すればいいか。

私は、「やりたい！」の気持ちをどうやって満たすかを考えます。すると結局、なだめすかしたり叱ったりするより、「自分でしてもらう」のが早いわけです。


だからこそ、急かさず、命令せず、待ちます。

そして、どうにも自分ではできなさそうならコッソリ手を貸して成功に導くの。「自分でやりたいのに！　邪魔しないでよ！」のスイッチを刺激しないくらいにね。

たとえば子どもがズボンを自分で履くと言って聞かないこと、よくあります。

このとき、うまく履けずにイライラしている子どもに対して、

「ホラ時間がなくなるでしょ！　もういい、やってあげるから貸してごらん！　ワガママ言わないの！」

と一緒になって癇癪を起こすと、もう大変。イライラの連鎖で、子どももさらに機嫌が悪くなってしまいます。

ですから、**まず親が落ち着くことが第一ね。そして「お手伝いしましょうか」と声をかけ、そっと近づきます。**

「こっちの足は？　そうそう、ここね」「じゃあ足を上げてみたらどうかな？」「よし、あと少しズボンを上げてみよう」というふうに、ピリピリした空気を出さず、ヒントを伝え、それでもむずかしそうなら少しだけ手を出すわけです（ズボンの後ろを引き上げたり）。

それで「自分でできた！」と達成感を持てたようなら、めでたし、めでたしです。

また、子どもが少しでもゴキゲンでいるために、すぐにできる工夫があります。

それが、**なるべく「むずかしいモノ」を取り除く**こと。

たとえば、小さくてつけづらいボタン。首周りが小さめのTシャツ。足を入れづらい靴。——こんなの、大人だってイライラするでしょう（私も最近は、足がスポンと入るやわらかい靴を履くようになりました）。いま子どもの周りにあるものが、手先が不器用な子どもにとって「難易度」が高くないかどうか。一度チェックしてみてください。

洋服は、少しサイズ大きめが着やすい。靴は、カカトの上にベロが出ているものが履きやすい。少しでも「ひとりでできるもの」を選んであげましょう。

そして、これは気持ちの問題として。

次の予定が迫っているとどうしてもイライラするし、現実として待てなくなります。

イヤイヤは、起こるもの。

そうあきらめ、**「イヤイヤされる時間」を織り込んで予定を立てる**ことも必要ですね。

大丈夫、いまだけですから。


なんだかいつも不機嫌そうで、大人の思うとおりにはまったく動かず、汗びっしょりになって泣きつづける子どもを前に、頭を抱えることもあるでしょう。

でも、子どもってそんなものです。古今東西、みーんな困っています。

だから、「どうしてうちの子はこんなにワガママなんだろう」と悪く取らないで。

ましてや「育て方が悪いのかしら」なんて、自分を追い詰めないでね。

ぜひ、「三角形のアノ部分が育っているんだな」と思い出してください。

「かわいがりすぎ」はないけど、「甘やかしすぎ」はあります

～ステップ②自主性の発達～

子どもって、とてもかわいいものです。みなさんも、「かわいい！」の気持ちはきっと存分にお子さんに伝えていることでしょう。抱きしめたり、あったかい言葉をかけたり、くっついたり。「甘えさせすぎ」はありません。安心して、たっぷり愛を注いでください。

ただし、それが過保護となると話が違ってきます。

過保護とは、子どもができるのに手を出すこと。

これは「甘やかし」で、自主性の発達を妨げることになるのです。

私たちの園では、２歳以上の子どもたちは、毎朝、登園時に〝お仕事〟をします。靴とカバンをしまって、お帳面を出して、その日のところにシールを貼って、自分のクラスの

棚に入れる。これを済ませてから自分の時間になります。

このお仕事、私たちにとってはなんてことのない作業ですが、子どもがやるとなかなか時間がかかる。靴を靴箱にきれいに入れるのも、シールを台紙から剥がす作業も、子どもにとっては大仕事なのです。

できれば、どれだけ時間がかかっても子どもができるまで待ってあげてほしいところだけども……多いのが、「甘やかしおばあちゃん」なの。「保護者の仕事」と言わんばかりに全部パッパとやってしまいます。


やっぱり孫ってね、子どもとは違うかわいさがあるのです。

年もうんと離れていますから、対等に見るのがよりむずかしいのでしょう。

だからほんとうは自分でできる子にも、ついつい手を出しちゃう。「まだむずかしいね、おばあちゃんがやってあげるね」ってお仕事を奪ってしまうわけです。

そうやって甘やかされつづけた子は、見事に自主性が育ちません。小学校に入った後、学童保育の職員さんから園に連絡が来たこともありました。

「自分でなにもしようとせず困っているのですが……そちらではどうでしたか？」。

ああ、しまったなあと思いました。きっと家でもあんな感じだったのね、あのおばあちゃんにもっともっと口うるさく言えばよかったわ、と。

過保護は怖いですよ。育つものも、育たなくなる。

ですから、優しいおばあちゃんやおじいちゃんに子どもの面倒を頼むときは、先にちゃんと言ったほうがいいかもしれません。

「手も口も、必要以上に出さないでね。サポートすることが、この子のためになるのよ」

「意欲のない大人になったらかわいそうでしょ」って。

ケンカは導き、後に見守る

〜ステップ③ 社会性の発達〜

社会性。

「自分の気持ちや考えを周りの人に理解してもらえるよう表現する力」で、三角形の中で、こればかりは集団でしか身につきません。

3歳くらいになると他人と関わる力がぐんと伸びはじめ、自分のほかにも尊重しなければならない人間がいることがわかってきます（もちろん個人差がありますから、1歳でもう社会性が芽生えている子もいるし、4歳でもまだまだ身についていない子もいます）。ここから、「他人と生きていくこと」を学んでいくのです。

社会性を身につけるのに、まずケンカはいいですよ。モノの取り合いっこをしていたら、「やった！」です。

発達の三角形

園では新入生の多い4月、数に限りのある自転車の取り合いがよく起こります。友だちが乗っている自転車を奪おうとする子と、それを守ろうとする子が小競り合いして、お互いギャーって泣く。

子どもたちはまだまっさらですから、どうすればいいかわからないのです。そんなときは保育士が間に入り、やりとりの仕方を教えていきます。

「こういうときは、貸してってお願いするといいよ。言ってみようか」

「かして」

「……イヤ！」

「あらら、イヤって言われちゃったね。じ

ゃあ次は、なんて言おうか。『終わったら貸して』って言ってみようか」

こうしたやりとりの練習を繰り返すと、自分で「終わったら貸して」と伝えられるようになります。言われたほうも、しばらく遊ぶと「どうぞ」と持ってきてくれるようになる。「ありがとう」もはじめは保育士が言いますが、すぐに子どもは理解してくれます。

おもしろいことに、**「あとで貸して」「どうぞ」「ありがとう」のやりとりを学ぶと、おもちゃの取り合いはぐんと減るの。**きっと、「貸してって伝えれば、いつか自分も使える」と見通しが立つから、ほかのことをして待とうと思えるようになるのね。

児童館や公園でおもちゃの取り合いになると、トラブルにならないよう、自分の子どもにガマンさせたりその場を離れたりすることが多いと聞きます。

でも、そうした争いは、とくに集団に入っていない子にとってはとてもいい機会。もし相手の親御さんがものわかりのよさそうな人なら、ぜひ「貸して」の練習をさせてもらってくださいね。

一方で私たちは、もう少し大きく――あくまで目安ですが、４～５歳児になって「大丈夫かな」と思ったら、ケンカにはほぼ介入しません。「ちょっと、何やってるの?」なんていちいち言い分は聞かないし、「はい、握手しておしまいね」なんて収め方も絶対にしません。**「ケンカ両成敗」って、大人が決めることじゃないのです。**

じゃあ保育士はなにをしているか。危険がないように傍観しています。言い合いや押し合いくらいなら放っておく。先の尖ったシャベルを持ち出したら、さすがに「それはちょっとやめませんか」と止めるかな。それで、「こっちにしておいてね」って新聞紙を丸めて渡しちゃうの。

安全だけは気をつけて、あとは子どもにお任せです（ただし、「自分が起こした問題を解決する力や責任」がどれくらい育っているのか見極めて、その能力に応じて援助はします）。

自転車の取り合いのようなケンカを重ねていると、子どもの中には「ケンカを解決する力」がちゃんと育っていきます。実際、私が横で待っていると、本人たちで話し合って仲直りすることがほとんどですよ。

しかも、当人だけの話し合いでうまく解決しなくても、周りの子が勝手に仲裁に入ってくれるのがおもしろい。見事な大岡裁きを見せてくれます。4歳、5歳ってすごいのです。

社会性は、はじめは大人の姿を見せて育て、あとは集団に入れることで子ども自身が自然と身につけていくものです。そうした環境がとくに必要になってくるのが、3歳以降。ほら、一般的に、幼稚園も3歳からはじまるでしょう。

やっぱり、お母さんと子どもの関係だけでは、社会性を育てるのには限界があるのですね。子どもには子どもの社会が必要なのです。

とことん遊ぶことが、いちばんの勉強になります

～ステップ④　知識の習得～

幼児期に大切な「知識」は、ひらがなや英単語、ものの名前といった「頭で得る知識」ではありません。「経験の知識」です。

「経験の知識」というと、こむずかしい感じがしますか？

なんのことはありません、要は、遊びです。

思いきり遊ぶことこそ、子どもにとって最高の学びなのです。主体性、創造性、社会性、集中力、道徳心、好奇心、危険予知能力……欲張りみたいだけど、ぜーんぶ遊びで育っていきますから。たっぷり遊ぶことこそ将来の自立には欠かせない、というわけですね。

自然の中を走り回って、ガキ大将とちょっと危ないことをして、絵本を読んで、工作して、ごっこ遊びをして……。全力で遊んでいるとき、子どもってほんとうにうれしそうな顔をするでしょう。キャーキャーいい声を出して、目をきらきらさせて集中して。このと

発達の三角形

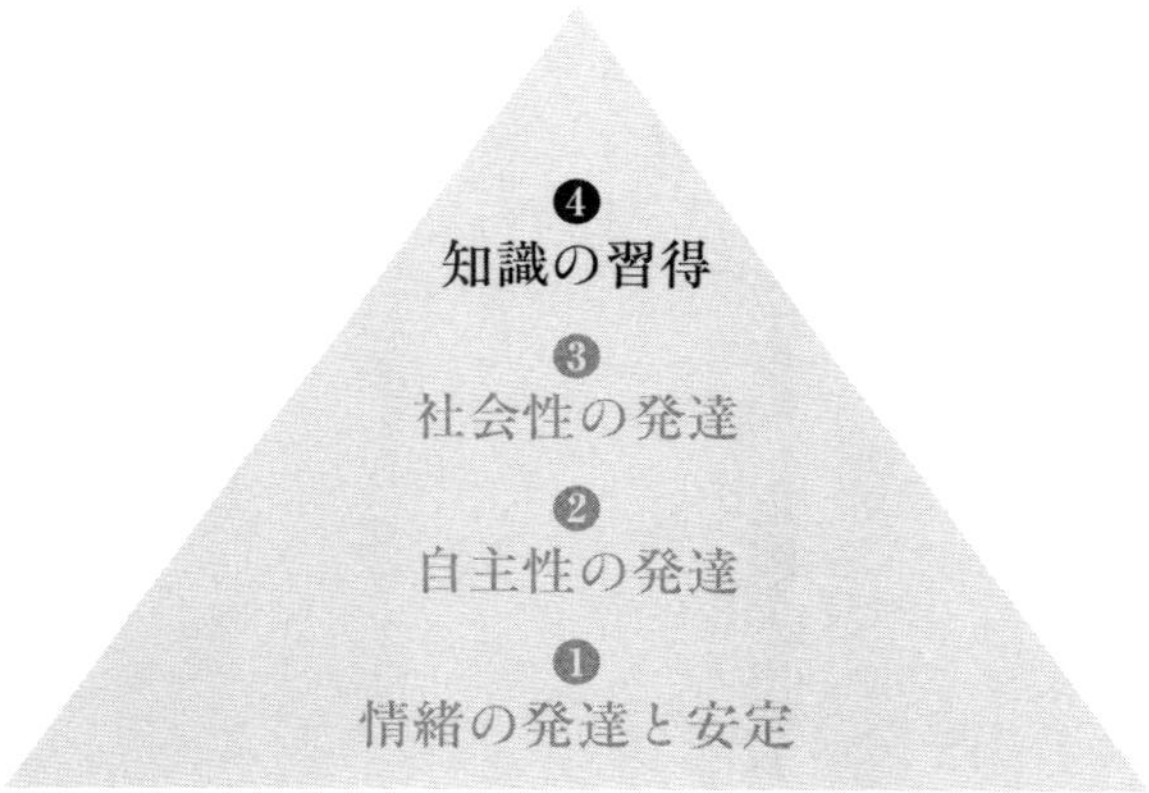

き、発達の三角形のてっぺんがぐぐと上へ、上へと育っているのですね。

一方で、親がテレビや動画ばかり見せたり（一方的な情報では育たない能力が多いです）、習いごとを詰め込んだり、「少し危険なこと」や面倒なことを避けてばかりだと、この三角形のてっぺんが形成されません。

いわゆる「勉強」はあと回しでいいのです。没頭して、大笑いして、ああ疲れたーって。そんな毎日、子ども時代だけですよ。「ほったらかし」の気持ちでたくさん遊ばせてあげましょう。「勉強」ではなく、「学び」が子どもの成長剤です。

第4章
2800人を見てきた私の「子育てのコツ」

60年、2800人。私が見てきた保育の現場

ここまで、「子どもの自由に生きる力を育てる方法」を、園でのさまざまなエピソードを交えながらお話ししてきました。

それぞれ、モンテッソーリ教育を取り入れた「育て方」、アドラー心理学の考え方を取り入れた「接し方」、そして村田先生から教えられた発達の三角形にもとづいた「自立までの道」、というふうにまとめることができるかと思います。

いずれも私が一生懸命学び、「これはいい」と思い、保育に取り入れてきた理論です。

私、30歳過ぎて本格的に保育の現場に立ってから、自分で言うのもナンですがものすごく勉強してきました。それはね、ずっとコンプレックスがあったから。

保育士になるために専門の学校にも通っていないし、生まれたての次男を背負いながら資格の勉強をして、要領のよさだけで合格してしまったようなものだったので……ずっと不安だったの。保育士として大切な基礎が抜け落ちているんじゃないか。薄っぺらい知識

しかないんじゃないか。子どもたちにとっていい保育士になれているんだろうかって。
だから保育士になってから、研修や講演、勉強会にはせっせと通いました。
また、人前でお話しする機会をいただくたびに、書物を紐解いて知識を深めてきました。
それはいまも変わらず、次男である園長にも「園でいちばん勉強熱心なのは大川先生だ」って言われています。92歳になっても、根底にあるのは「まだまだ」って気持ちなのね。

それでもありがたいことに、私のところにはたくさんのお母さん、お父さんから相談が寄せられます。「大川先生、ちょっといいですか。ウチの子が……」って求めていただける。

それはきっと、保育の現場で60年間にわたって、２８００人の子どもたちを見てきた経験があるからこそでしょう。

子育ての現場では理屈が通用しないような、育児書には書かれていないような〝事件〟が、毎日、毎時間のように起こる。そんな「現場」をたくさん見てきたこのおばあちゃん先生なら、なにか知っているんじゃないかって頼りにしてもらえるのね。

そこでここからは、この数十年にわたる「子育て相談」のあれこれをみなさんにお裾分けしてみようと思い立ちました。お母さん・お父さんから寄せられてきた、たくさんの「子育て相談」の中からとくに多いもの、切実なものを、思い出しながら書いてみたいと思います。

もちろん子育てに正解はありません。

お役に立てることも、「ウチの子には当てはまらないわ」「私は違うやり方でやってみよう」ってこともあるでしょう。あくまで私はこう答えてきました、というお話をご紹介していきますから、保育園の連絡帳を読むくらいの気分で読んでいただければと思います。

いつか子育てで悩んだとき、「そういえば92歳の保育士がこんなことを言っていたな」と思い浮かべていただければうれしいです。

相談　小さい子どもを保育園に預けて、ほんとうに大丈夫？

↓

子どもは接する「時間」より
愛情の「密度」で育ちます

働くお母さんは、昔に比べてうんと増えました。

もちろん、経済的な理由で働かざるを得ない人も、自分がやりたい仕事をしている人もいるでしょう。

でも、いずれにしても、私は「女性が社会に出ること」には肯定的です。

女性が家族だけでなく、ほかの世界を持つことがあたりまえになった。

「お母さん」の役割だけでなく、自分の名前で生きるようになった。

子育てしながら働くって大変なことだけれど、これはとてもすばらしいことだと思うのです。

ただ、働くためには子どもを保育園に預ける必要があります。それでね、いざ保育園がスタートするときには、お母さんたち揃って複雑な顔をするのです。「自分で選んだ道だけれど、子どもを自分の手で育てなくていいのかしら」という罪悪感がにじみ出ている。

とくに、まだまだふにゃっとしている0歳児、まだまだ赤ちゃんらしさの残る1歳児を他人に預けることには、どうしても葛藤を感じてしまうみたい。

働きたい、もしくは働く必要があるけれど、ほんとうにそれでいいのかしら……って。そんな小さい子を預けるなんてけしからん、と言う人もまだまだいますからね。

もちろんこの思いは、愛情があるからこその優しい気持ちです。そんなお母さんを見ると、その子どもに対して「あなた、愛されていてステキね」と思います。

私、2800人の子どもたちを見てきて確信していることがあります。

子どもとお母さんの絆を育てるのは「時間」よりも「密度」です。

一緒にいるときにどれくらい「いい時間」を過ごせるかが、親子の関係を決めるんです。

だから一緒にいる時間にしっかり向き合って、笑い合って、愛情をしっかり伝えていれば大丈夫です。お迎えのときにうれしそうに走ってくる子どもを受け止めて、抱っこして、「待っていてくれてありがとうね。とっても会いたかったよ、ママうれしいよ」とギューッと抱きしめる。子どもはもうそれだけで満たされるし、疲れも吹き飛ぶみたい。顔を見れば、保育士はわかるのです。

あとね、手前味噌ですが、保育園っていいものですよ。一日中遊びに集中できますし、社会性も身につく。家ではできない、お母さんが相手するのに疲れるような遊びにも全力で打ち込めます。

ほら、「子どもにとっては遊びが学び」って言ったでしょう。毎日めいっぱい学んでいますから、安心して。遠慮せず、自分の世界を持ってくださいね。

それともう一つ。うちの保護者の中には、ときどき「ここに子どもを入れたくて仕事を探しました！」とおっしゃるお母さんもいました。共働きのほうが保育園に入りやすくなりますからね。

そういう方は、たくさんの園を見学して、じっくり質問して、夫婦で「ここだ！」と納得したうえで入園を決めてくださいます（3歳以上なら子どもが気に入ってくれるか、も大事です）。

「かわいそうなことをしているのかも……」なんて悩まず、むしろ「ここに預けたい！」「子どもも幸せに違いない！」と思えるような園を見つけること。これも、親御さんの気持ちをラクにするために必要だと言えそうですね。

もちろん、保育園に預けない選択もおおいにアリです。「幼稚園までは自分の手で育てる」と決意したお母さん、お父さん。それもまた、すばらしい決断です。

預けるとか預けないとかは、たいした問題ではありません。

大切なのは、親が自分で納得のいく選択をすること。

そうでないと、かわいい子どもと「いい時間」を過ごすこともできないのではないでしょうか。

相談　スムーズに食事ができなくて、ストレスです

↓

「食べない！」もネコまんまも放っておいて。

毎日のことだから、気楽にね

「イヤ！　食べない！」

これ、お母さんが聞きたくない言葉トップ５に入るのではないでしょうか。

とにかく食べない。好き嫌いが多い。食べさせようとすると「イヤ」と手ではらう……。

これじゃあ、毎回の食事が憂鬱《ゆううつ》になりますね。


でも、「食べなさい！」と叱ったり口に突っ込んだりするのは、ちょっと待って。

そんな躍起になる必要はありません。

「こちらに置いておくからね、食べたくなったらめしあがれ」

私なら、ただそう伝えます。

そしてあんまり構わない。あとは本人に任せて待ちます。
食べることは、強制すればするほど、どんどん嫌いになってしまいますから。

どうしてもちゃんと食べてほしいのであれば……そうですね、できる工夫としては、食事の準備を手伝ってもらうくらいでしょうか。お茶碗を並べてもらったり、フォークを用意してもらったり。それに対して親は、「ありがとう」と感謝を伝えるの。「ママがよろこんでくれた（貢献できた）」ってうれしくなって、うまいこと気分が乗れば、自分もたずさわった食事に参加してみようかと思ってくれますよ（もちろんそうでないときも多いですが）。

また、食事関連だと「お味噌汁の中にごはんを入れてしまう」「食べ物で遊ぶ」といった相談も多いのですが、それくらいなら私は放っておくかな。きっとなにか実験しているのね、食べることに興味を持ったのかしらってプラスに捉えます。サラサラして食べやすいぞ、と気づいたのかもしれませんしね。

とはいえマナーも気になるでしょうから、一応、「ママは入れないほうが好きだよ」と伝えてみてはいかがでしょうか。

子どもを「正しい子ども」に矯正しよう、思いどおりに動かそうと干渉すると、生活がしんどくなります。とりわけ食事は毎日のことですから、ストレスになりやすいですよね。

とくにまじめなお母さん、あまり神経質にならないで。

よし、自分で考えて決めなさいと、どーんと構えてください。

相談　なかなかトイレが成功しません

↓

オムツは、「しつけ」じゃありません。外れるときに外れます

オムツ外し。2歳半ごろからはじまる「お母さんの悩みの種」です（最近はトイレトレーニングと呼ぶことが多いようですね）。園の外でも、新米お母さん向けにオムツ外し講座を開いてほしいとしばしば依頼をいただきます。

とくにお子さんが一人目だと、どうやってオムツを外していくのか想像もつかないでしょう。子どもがオギャーと生まれてから、ずーっと繰り返し、昼夜問わず何千回と交換したオムツ。その営みを、親子で卒業するわけです。

いよいよ成長と自立への道を感じ、気合いが入ってしまうかもしれません。

さて、まずお伝えしたいのは、「**オムツ外しは『しつけ』ではない**」ということです。

じゃあなにかって、**子どもが自立するための「お手伝い」**なのね。

だから、失敗がつづいてもヘンに深刻になる必要はないの。

ほら、20歳になってオムツしている人はもちろん、中学校、小学校にオムツで通う子はいないでしょう。卒園生にも、そんな子はひとりもいません。いつかはかならず外れます。いまがまだ時期ではないだけです。もちろん、事情のある子は別としてね。

だいたい、生まれてから2年以上も、好きなときに「オムツにジャー」だったわけです。失敗してあたりまえでしょう。おしっこをためておく膀胱《ぼうこう》だって、まだまだ未熟ですから。


オムツ外しの悩ましさには、いつ成功（完了）するかわからない、ということもあるかもしれません。

2歳半になったら、「せーの」でみんなの膀胱が準備万端になる――そんな単純なものだったらいいのですが、そうは問屋が卸さない。

あっちの子は2歳でトイレトレーニングをはじめてすぐに成功したけれど、こっちの子は3歳になってもまだまだ失敗するわけです。わが子が「あっちの子」になるか、「こっちの子」になるかは、やってみなければわかりません。

私の子どもたちもバラバラでしたよ。長男はアッという間にオムツが外れましたが、いまの園長である次男はなかなかうまく外れず苦労しましたし、三男なんておねしょばかりして、しまいには「もうさ、パジャマが濡れるのがもったいないから、ぼくは裸で寝るよ」なんて言い出す始末。時間が経てば笑い話ですが、当時は頭を抱えました。

ですから、お母さんたちの苦労や悩みもよーくわかるのです。

そんな私が、たくさんの子どもを見てきて確実に言えることが一つあります。

それは、**親がトイレの失敗に対して過剰に反応すると、オムツはなかなか外れないって**こと。親が焦るほど、怒るほど、オムツ外しは長引きます。

子どもは繊細です。怒られたイヤな記憶がトイレにくっついて、萎縮《いしゅく》してしまうのでしょう。

園にも、なかなかオムツが外れなかった子がいました。

気づけば4歳になろうとしていて、お母さんは相当焦っていてね。毎日「大川先生、どうしましょう」と相談に来られていました。

私がのんびりして見えたのか、「もう、よその園に転園します！」って言われたこともありました（なんとか思いとどまってくれましたが）。

よその保育園では、時間で区切ってみんなで一斉にトイレに行くのがオムツ外しの主流のやり方だそうです。自分で「おしっこしたい」と思う前にトイレに行って、とりあえず溜まっている分を出しちゃう。

そうすれば、たしかに失敗の確率は下がります。そのお母さんは、そういうふうに無理やりにでもオムツを外してくださいと言っていたわけです。

でも、身体がまだ未熟でも、子どもの前に人間でしょう。「おしっこしたいな」「ウンチしたいな」と感じるタイミングは、ひとりずつ違うはずです。

私、まずはやっぱり「なんだかムズムズするぞ？」「トイレに行きたいかも？」を自分の身体で感じてほしくって。だからうちは、集団でのトイレトレーニングはしないのです。

もちろん失敗しても、怒りません。

「あら、出ちゃったか。今度はもうちょっと早く行こうね」

そう言って、着替えて、おしまい。子どもたちも怒られないから、あっけらかんとしています。

でも、失敗すると恥ずかしいとか、濡れると気持ち悪いとか、そういう気持ちが徐々に芽生えていくのね。そうして、「おしっこしたい！」の感覚にだんだんと敏感になっていくのです。おもらししたときの始末の仕方（「今度はもう少し早くトイレに行こう」と言って着替える）を教えておくのも、ここでのポイントです。

そうそう、そのオムツが外れなかった子はどうなったか？

4歳になってお母さんが仕事を変えたか時短扱いが終わったかで、勤務時間が長くなったんです。そうしたら忙しくなって、子どもに怒ることが減って、するっとオムツが外れました。

子どもって、なんとストレスに正直な生き物なのでしょう！

相談　静かにしてほしいとき、ついテレビを見せてしまいます

↓

動画は1日2時間まで。
となりにママがいると、なおよしです

テレビやゲーム、携帯電話やパソコンで見られる動画。この時代、どうお付き合いするか悩ましいですね。

園のお母さんたちには「マリアの丘通信」の中でも、

「2歳までは、なるべくテレビは見せないで。それ以降は、1日最長2時間までにしてください」

とお伝えしています。もちろん短ければ短いほどいいです。

たくさんの子どもたちを見てきて確信しているのが、**テレビ漬けの子やスマホ漬けの子は言葉が遅れがちで、そうでなくてもコミュニケーションが下手だってこと。**生身の人間とのやりとりが、うまくできないようなのです。

これに関しては、ヤスちゃんという男の子が印象に残っています。

夏の終わりごろ、「どうもヤスちゃんと会話がちゃんと成り立たないんです」と担任の保育士から相談がありました。ヤスちゃんは、そのとき4歳。一方的にベラベラしゃべることはできるし、言葉が遅いわけではないのだけれど、あまり目も合わないし、会話のやりとりがうまくできないのが気になる、とのことでした。


そこで、お母さんにおうちではどんなふうに過ごしているか聞いてみました。

すると、テレビゲームばかりさせていて、あまりおしゃべりしていないことがわかった。園からの5分の送迎の間も、車の中でゲーム。家に帰っても、食事やお風呂の時間以外はずっとゲーム。

ウン、会話が成立しないのは間違いなくそのせいねと思い、「ゲームをやめさせて、ヤスちゃんとお話しする時間を増やしてみたら？」と提案してみました。

そうしたらお母さん、「わかりました。でも、どんなことを話したらいいんでしょう？」と困り顔。その言葉に少しおどろいたけれど、

「なんでもいいのよ。『今日は保育園でだれと遊んだの？』でも、『給食はなにがおいしか

った？』でも、まずはヤスちゃんにいろいろ聞いてみてあげてください」というふうにアドバイスしたのです。そのお母さんは素直な方でね、すぐに実践してくれました。

するとどうなったか。なんと一週間しないうちに、ヤスちゃんとコミュニケーションが取れるようになったのです！　やりとりもスムーズになり、目もしっかり合うようになった。アドバイスしたこちらがびっくりするくらい、効果てきめんでした。

同じように、小学校に入る前の秋の身体検査で「会話ができない」とひっかかったオサムちゃん。おじいちゃんとおばあちゃんが子守りをしていて、ＤＶＤばかり見せていたのね。私も何度か進言したのですが、なかなか聞いてもらえませんでした。

ただ、教育委員会から呼び出され、改善を促されたことで、ようやくおじいちゃんたちも真剣に捉えてくださって。そこからがんばってくれましたよ。半年近く、一切ＤＶＤを見せずに入学を迎えました。

それで、私たち保育士が学校へおじゃまする授業参観のとき、オサムちゃんの担任の先生に「どうです？　オサムちゃん、友だちとうまくやれていますか？」と聞くと、「えっ、なにかありましたっけ？」」。それくらい、なんの問題もなくなっていたのです。

ヤスちゃんとオサムちゃん。どちらも決して、愛情がない家庭ではありませんでした。問題があるとわかると、一生懸命取り組んでくださいましたしね。

おそらく、なにを話せばいいのかわからないし、忙しいしで、長時間集中してくれるゲームやＤＶＤを与えていたのでしょう。

でも、画面の中で動く人ばかり見ていると、生身の人間とやりとりする力が育ちません。表情や、言外の空気感を読み取る力が伸びないのです。

また、**映像ならではの情報量の多さに慣れてしまうと、想像力も育ちません。**

そうなると情報量の少ない絵本もつまらなくなり、刺激の多い映像を求める……と悪循環に入ってしまいます。

もちろん、テレビやゲームをまったく与えるなとは言いません。

ごはんの準備をしたいときやお化粧をしたいとき、どうしても静かにしてほしいとき、「ちょっと見ていてね！」と大活躍でしょうから。

それにこれからの時代、まったく画面に触れないのも現実的ではありませんよね（お母さんたち、携帯電話でいろいろなことをすぐに調べていてビックリしちゃいます）。

ですから「画面は1日2時間まで」。

あら、2時間って意外と寛容ですねと言われますが、朝晩1時間ずつなら許容範囲かと思います。

ただし、**できるだけ「見せっぱなし」にはさせないで。声をかけたり、ときどきはとなりに座ったりお膝に乗せたりして、「一緒に」楽しむ**といいですね。

まったくの余談ですが、じつは、私もゲームは大好きなんです。毎晩寝る前に、欠かさずブロックゲームをしているの。血圧が上がるんじゃないかしら、ってくらいついつい熱中してしまいますし、目標点数に達するまでは寝られません。

でも2時間もゲームをすることなんてないですし、それにね、私はもう90歳を超えているからいいのって自分で言い訳しているんですよ。

相談　習いごとは、どうやって選べばいいですか？

→子どもの「やりたいこと」で、
一流の先生を探しましょう

「子どもが『やりたい』と言ったらはじめて、『やめたい』と言ったらやめる」
——習いごとは、これくらいシンプルに考えましょう。

お父さんお母さん、とくに「やめる」に厳しすぎると思います。

「もうイヤ、やめたい」と言われたとき、「せっかくここまで来たんだから、もう少しやろう」と粘りがちですが……しぶしぶつづけても、残念ながらものにはなりませんよ。やる気のない子って練習にも身が入らず、ぼーっとうわの空。おかしいほど上達しないものです。

あと、ときどき見かけるのが「自分がやりたかった習いごとを子どもに託す親御さん」。

あのね、これは絶対にダメです。そんなつもりじゃないのはわかりますが、子どもの人格を無視するようなものなのですから。

どうか、子どもの「やりたい」を尊重してくださいね。

子どものうちに、好きなことに打ち込ませてあげて。

習いごとは、子どもがワクワク通えることがいちばん大切なのです。

また、新しく習いごとをはじめるときは「子どものおけいこ」と軽視せず、可能な限り一流の先生を選ぶのがいいでしょう。これには二つ理由があります。

一つめは、三流の師は、三流のことしか教えてくれないから。わかりやすいですね。

そして二つめが、一流の方は人間性も伴っているからです。一流の先生ほど、とんでもない技術を持ちながらも、できない人の心に寄り添ってくださいます。

「なんでこんなことができないんだ！」なんて、子ども相手に怒ったりしない（それは二流、三流のやることです）。子どもにも優しく、ていねいに習いごとの魅力を存分に伝えてくださるのです。

一流の先生に育てられた芽は、大きく太く育っていきます。

これは身をもって感じていることで、じつは私自身、一流の先生によって人生を豊かにしていただいた経験があるのです。

自分ではよく覚えていないのですが、私、3歳のころ日比谷公会堂で舞台を鑑賞したんですって。そのときに、客席でスックと立ち上がって音楽に合わせて踊りはじめたそうです。お客さんも盛り上がって、パチパチ手を叩いてくれて。

その姿を見た母は「この子は踊りが好きなんだな」と思い、日本における舞踏家の草分けであるプロダンサー・石井漠先生の舞踏研究室に通わせてくれたのです。通ったのは3歳から6歳まででしたが、石井先生に踊りを学べたのは、ほんとうに幸運なことでした。

だって、90歳を過ぎたいまも40歳過ぎに出会ったリトミックに没頭し、もっとうまくなりたいと東京へ高崎へと練習に通っているのは、石井先生に踊りを習った経験が土台になっているのは間違いありませんから。

そもそも石井先生が伝えてくださった「踊りの魅力」が心の底に残っていたからこそ、

「リトミックをやってみよう」と思い立ったのかもしれません。

そして、リトミックをはじめたときに「アレ？　なんだか懐かしいぞ」と感じてわかったのですが……じつは、石井先生はリトミックを日本に紹介した方でもあったのです！

幼かった私は「踊り」としか思っていなかったのですが、レッスンにもリトミックの要素が含まれていたのでしょうね。

亡き母に「よくぞ石井漠先生を見つけてくれた」って、いまも感謝しています。

まさに、「一生ものの習いごと」となりました。

相談　英語教育をすべきかどうか悩みます

→　子どもの想像力を育てるため、
　　まずは「日本語」をじっくり育てましょう

「幼少期は、英語学習よりも日本語の語彙《ごい》を3000語覚えさせることが大切」勉強に行った講演会で、ある学者さんがこんなふうに主張されていました。英語学習についてはさまざまな議論がありますが、私もこの学者さんとおんなじ考え。子どもたちの「その後」の成長を見る限り、急いで英語を身につけさせなくてもいいって思っています。ですから園では、英語教育は一切していません。

とはいえ、どんな教育を与えるか決めるのは親御さんです。「絶対に英語を習わせるな！」なんて過激なことは申しません。

ただ単純に個人的に、**感受性が豊かなときにまず日本語の豊かさを伝えたいと思うので**

す。それが子どもの想像力につながると信じています。

『どうすればいいのかな？』（文：わたなべしげお　絵：おおともやすお／福音館書店）という絵本があります。クマさんが間違ってシャツを履いてしまったり、靴をかぶってしまったりして、そのたびに「どうすればいいのかな？」と首をかしげる。そして、「そうそう、シャツはきるもの」「そうそう、靴ははくもの」とニッコリしてお出かけする。とてもかわいい、子どもたちも大好きな絵本です。

これは出版社の方に聞いた話ですが、『どうすればいいのかな？』をぜひアメリカでも出したいと声がかかったことがあるそうです。でも、翻訳がうまくいかないと判断されて頓挫《とんざ》してしまったんですって。

というのも、英語だと「着る」も「履く」も「かぶる」も、全部「put on」でしょう。肝心の、オチとも言える「そうそう、シャツはきるもの」「そうそう、靴ははくもの」が表現しきれない。どうしたって言葉のおもしろさ、ひいては絵本の魅力が伝わらないと、翻訳者が白旗を揚げたそうです。

しかも、表記自体は平仮名だけども、大人は頭の中で「靴を履（は）く」と「ズボンを穿（は）く」をそれぞれ思い浮かべながら読むはずです。

『どうすればいいのかな？』は、日本語ならではの、言葉の細かい使い分けがあるからこそ楽しめる絵本なのね。

私、豊かな日本語がとても好きです。

おんなじ「雨」でも、「シトシト降る」「ザーザー降る」「ポツポツ降る」で、目に見える情景がガラリと変わるでしょう。絵本を聞いている子どもたちも、言葉の機微《きび》を受けとっているな、それぞれの情景を頭に浮かべているな、って感じますから。

だから私は、少なくとも保育の現場では日本語を大切にしたい。

美しくておもしろい語彙にたくさん触れることで、想像力の豊かな人間になってほしいと思っています。

相談

集中力がないし、静かにしなきゃいけない場所で騒いでしまいます

↓

ゲームにして乗せてみて。楽しみながら集中してもらいましょう

週に一度のリトミックの時間、子どもたちがソワソワと落ち着きのないことがあります。

意識がてんでばらばらに向かっていて、なんだか集中していない。

そんなとき、私が使うのが太鼓です。

はじめに「太鼓が鳴ったらパッと立ちましょう」と言って、ドンと鳴らす。

すると、子どもたちはザワザワしながらもおもしろがって立ち上がる。「もう一度鳴ったら座りましょう」と言って、ドンと鳴らす。子どもたちは音に集中しはじめます。

そしてドン、ドン、ドンと鳴らして、立ったり座ったり。何回目かで寸止めして「鳴っ

ていないから動かないよ」と言うと、子どもたちはもっとおもしろがって集中します。さらに太鼓と一緒に手を叩いてもらって、パン、パン、パン、パンと鳴らして、また寸止めする。集中していないと、間違って手を叩いちゃう。

「アーア、100点にできなかったね。100点が3回つづいたら、リトミックをはじめるよ」なんて言うと、みんなキラキラの目でこちらをじっと見てくれます。

ここまで集中が高まったら、リトミックに入るの。最初にうんと集中しているから、リトミック中もずっと心地いい緊張感（音の聴き方が敏感になるのです）がつづきます。

「こっちを見なさい！」「静かにしなさい！」

声を荒げて命令すると、せっかくのお楽しみの時間にイヤな空気が漂ってしまうでしょう。

一方で、こんなふうに「どうにかしてゲームにできないかな」と考えてみると、ふざけがちな子も「自分から」注目してくれます。言われて従うのではなく、「静かにして大川先生を見よう」と本人が決めるわけです。

子どもは、命令すれば反発しますが、遊びにすれば乗ってくれます。

北風と太陽ではありませんが、どうすれば自分から動くよう導けるか……保育士って、頭を使う仕事なのですよ。

一筋縄じゃいかないけれど、あの手この手と考えるのも楽しいものです。

ご家庭でも、どこかにゲームを取り入れられないか、知恵を絞ってみてください。

相談

ウチの子、成長がゆっくりなんです／大人しすぎるんです／乱暴なんです

↓

成長も個性も十人十色。
しかも、どんどん変化していきます

「あら、うちの子、周りの子よりずいぶん小さいわ」
「あの子はあんなにおしゃべりが上手なのに、うちの子はまだまだ単語だけ」
「またお友だちのおもちゃを取ってしまった、こんな調子で嫌われないかしら」

……子育てしていると心配が尽きないものです。「大丈夫かしら」って何回ため息をつくかわかりません。

でもね、**子どもの個性は十人十色。みんな同じような振る舞いをしないのも、同じスピードで成長しないのも、あたりまえです。**

ひとりふたりの「わが子」だけを見ていると気づきにくいものだけど、園のような場で、しかも２８００人もの子を見てきた私にはよくわかります。

そして、子育てのさなかにいると実感はむずかしいかもしれないけれど、子どもはずーっと同じところに留まるわけじゃないの。できることが増えるだけではなくて、たとえば性格、キャラクターだって変わっていく。

だから、いまの子どもの姿だけを見てあまり心配するのも、なんだかもったいないかなと思います。

たとえば子どもたちの「社会」では、３歳くらいになるとたいてい「ボス」が生まれます。身体が大きかったり、弁が立ったり、力が強かったり――つまり「成長の早い子」が、その座におさまりやすい。

ボス君に対する対応は、子どもによってさまざまです。張り合おうとする子、大人しく言うことを聞く子、ボス君が近づくとスーッと逃げていく子……。

大人と同じで、いろいろな人が集って社会をつくっているのね、としみじみ思います。

けれども、5歳くらいになるとほかの子も育ってきます。成長の差が縮まってきて、得意なこともそれぞれ現れてきて、ボス君に追いついてくるの。

身体は小さいけれど、もっと弁が立つ子が現れたり、絵がうまくて器用な子が目立ってきたり、大人しかった子が「やめてよ」って主張するようになったり。

すると、ボス君の立場が相対的に弱くなる。いままで子分みたい扱っていた子にへこまされることも増えるわけです。そして、卒園するころにはわかりやすい「ボス」がいなくなる。……毎年、見ていておもしろいですよ。

成長して、変わっていく。それが子どもです。

乱暴者だったのが、きちんとした子になる。

控えめだったのが、リーダータイプになる。

幼少期は食べなくて、小さくて、おっとりで、お母さんがハラハラしていたけれど、結局180センチ以上の勇猛なラガーマンになった、なんて子もいます。

「この子はこんな性質かな」と思っても、ほんとうにわからないものなの。

園にいる間でもどんどん変わるし、卒園した子が中学生、高校生、大人になって遊びに来てくれてビックリ！　ということもよくあります。

だからね、**いまこの瞬間だけを見て「この子は大丈夫かしら……」と深刻になっても、将来はわからない**わけです。

「その子なり」の成長がありますから、月並みですが、長い目で見守りましょう。

相談　絵本の選び方を教えてください①

↓
正解はありません。
ただし、絵本にしつけをさせないでね

「栃木県の保育士で絵本と言えば、小俣幼児生活団の大川繁子先生」

そう言われるようになろうと、これまで一生懸命取り組んできました。

講習会や研修にもうんと通って勉強しましたし、たくさん練習もしました。

そのおかげ……というわけではなく、子どもはもともと絵本が好きなものですが、ともかくうちの子どもたちは1日に何度も、ときには四六時中「大川先生、えほんよんで！」とせがんできます。

そんな「絵本大好き！」な子たちを見ているからか、親御さんからも絵本に関してはことさらたくさん相談をいただいてきました。私も、お話ししたいことがたくさんあるテー

マです。

　ということで、ここからは絵本に関する相談や質問をまとめていきましょう。

　まず、いちばん多いのは「絵本の選び方を教えてください」。

　先にハッキリ言ってしまうと、**「教育にいい絵本」なんて都合のいいものはありません。**いつも言っているのが、「絵本にしつけをさせよう、あわよくば勉強の足しにしよう、なんて思わないでね」。

　……ちょっとギクリとしませんか？

　絵本とはあくまで、親子で「楽しむもの」です。

「教育にいいかしら」「読書家に育てたい」と下心を持って読むと、子どもにバレてしまいます。

教育熱心でまじめなお母さんほど、絵本を読みながら

「ほら、お花がいっぱい咲いてるわね。赤いお花がいくつ?」

と「テスト」をしたり、読み終わった後に、

「やっぱり兄弟は仲良くしないといけないってことだね。わかった?」

と「道徳の時間」をやりがちです。

でも、自分がそんなことをされたらと思うと……なんだかおもしろくないでしょう。だから絵本を閉じたら、「おしまい。ああー、おもしろかった」。読みっぱなしでいいのです。

読み方だってそう。正解はありません。

お母さんが楽しんで、好きなように読んでください。

ただ、なかなかむずかしいのが、0~1歳児向けのストーリーのない絵本(『ころころころ』(元永定正/福音館書店)など)かもしれません。どう読めばいいのかわからなくて

苦手、というお母さんがときどきいらっしゃいます。

でも、こうした絵本、大人はサッパリ意味がわからないけれど、子どもは「そんなに⁉」とおどろくくらいキャッキャとおもしろがるんです。子どもの反応を見ながら緩急つけて、高低つけて、リズムをつけて。試行錯誤するのが私は大好きです。

「えーッ、先生、それが苦手なんです」って方もいらっしゃいますが……そういう方は、上手に読もうと気張らなくていいの。

子どもにリクエストされたら、それに応えてあげるだけでいい。

「ママの声を聞かせるだけで意味があるわ」って開き直ればいいと思いますよ。

相談 絵本の選び方を教えてください②

→10年以上読み継がれていて、お母さんが好きなものを

絵本に関しては、心に残っているエピソードがたくさんあります。

たとえば、『しろくまちゃんのほっとけーき』（わかやまけん／こぐま社）には二つの思い出があります（1歳児が大好きなこの絵本、1972年発売でおよそ300万部のベストセラーですから、みなさんも読んだことがあるのではないでしょうか）。

一つめが、読み終わった後に子どもに言われた次のひと言。

「大川先生、しろくまちゃんはエプロンを3枚持っているね」

「えっ、ほんとう?」と思って読み返してみると、たしかにそうなのです。

ホットケーキをつくっているときは、オレンジのエプロン。ホットケーキを食べている

ときは、緑のエプロン。食べ終わって洗い物をしているときは、青いエプロンをしているの。私、20年くらい読みつづけていたのに、まったく気づきませんでした。大人はつい字に目がいってしまうけれど、子どもはやっぱり絵をよく見ているのね、とあらためて感心したエピソードです。

もう一つは、ちょっと反省したできごと。完成したホットケーキは全部で4枚あるので、いつもホットケーキを「ぽたあん」「ぷつぷつ」「ぺたん」「ふくふく」というふうに焼いていくページを4回繰り返し読みます。

あるとき、もうそろそろお昼ごはんの時間にシンちゃんが、「大川先生、これ読んで」と『しろくまちゃんのほっとけーき』を持ってきました。時計を気にしつつ、「ええい、待たせるのもかわいそうだし、急いで読んじゃおう」と絵本を開いたのですが……。

いつもは4回繰り返すホットケーキを焼くシーンで、2回目を読もうとすると「もういい」と言うのです。

「あら？　いつもは4回読むじゃない、どうしたの？」

そう聞くと、シンちゃんはつまらなさそうに、

「今日のほっとけーき、まずいから、いらない」

ですって！

きっと、私の気持ちが絵本に向いていないことに途中で気づいたのね。この話をよそですると、ホットケーキが「まずい」なんて巧みな表現ですね、とおどろかれます。

でもね、子どもってこれくらい敏感で、ものすごい感受性を持っているんですよ。

このエピソードを教訓にするとしたら……お子さんに絵本に興味を持ってほしければ、まずは読み手――お母さん自身が楽しみましょうってことね。

お母さんが「おもしろい」「かわいい」「いい話ね」とポジティブな気持ちで読んでいたら、子どもも目をキラキラさせ、身を乗り出して聞いてくれるはずです。

ということで私、どれだけすばらしいとされる絵本でも、気が進まないものや好きでないものは読みません。

『かいじゅうたちのいるところ』（モーリス・センダック／冨山房）のような世界的名作でも、なんとなく絵が好きではないという理由で手をつけないの。嫌々読んでも、それはきっと子どもたちに伝わってしまいますから。

絵本は、自分の琴線に触れるものを選ぶに限ります。

このことを大前提として、一つわかりやすい「本の選び方」アドバイスをするとしたら……。

保育士になって60年、たくさんの絵本を読んできましたが、**やっぱり10年以上読み継がれている絵本は間違いなくおもしろい**と思います（好みは抜きにしてね）。ロングセラーの絵本には、力がありますね。

うちの園では一応、目安をつくっています。200ページに絵本の一覧を載せましたので、絵本選びに迷ったら、この中から自分が好きな絵、好きなお話を選んではいかがでしょうか。

相談 絵本の選び方を教えてください③

絵本は「むずかしすぎ」はあっても
↓
「やさしすぎ」はありません

よく絵本の裏表紙に書いてある対象年齢も、絵本選びの指針になります。わが子にちょうどいい絵本はどれか、参考にされた方も多いかと思います。

あれも指針にはなるのですが、**私は「むずかしすぎる絵本はあるけれど、やさしすぎる絵本はない」と考えています。**

たとえば、「5〜6歳向け」と書かれた絵本を2歳児に読んだら、どうなると思いますか？

そう、すぐに退屈してしまいます。プイッて顔をそむけて、どこかへいっちゃう。2歳向けと5歳向けでは、文字と絵のバランスやお話の複雑さが違います。2歳では、5歳用の絵本が持つおもしろさを理解できないことが多いのです。

でも、おもしろいことに、反対――つまり5歳に2歳向けの絵本を読んでも、大丈夫なんですね。『しろくまちゃんのほっとけーき』はもちろん、『いないいないばあ』（松谷みよ子／童心社）のようなページ数の少ないシンプルな絵本だって、5歳児に読んでも前のめり、おおよろこびですから。

「ウチの子は絵本に興味がなくて……」

「最近、絵本を読もうとしても、すぐにどっかいっちゃって」

そんなお母さんは、もしかしたら少し背伸びした絵本を選んでいるのかもしれません。

「いったん、もっと小さいころに読んでいた本を引っ張り出して読んでみたら」

そうアドバイスすると、次に会ったとき「大川先生、『ママ絵本読んで』と言われるようになりました」ってよろこばれました。

絵本の相談と言えば、あるとき、サクちゃんのお母さんが心配そうな顔で来られました。

「先生、うちの子、３ヶ月も『ぞうくんのさんぽ』（なかのひろたか／福音館書店）ばかり借りてくるんです。ほかの絵本に興味を持たないので心配です」

たしかに親としては、いろいろな絵本を読んでほしいでしょう。たくさんの言葉に触れてほしい。世界を広げてほしい。日本の絵本から海外の絵本まで、さまざまな色彩に触れてほしい。そういう、ちょっとした「欲」が出てくるのはよくわかります。

でもね、**お気に入りがあるって、心が育っているということで、とてもステキなことです。**絵本に限った話ではありませんが、「これがいい」と意思を持って選択している証拠ですし、自分の「好き」がハッキリしているということですから。

私の知り合いは、嫁入り道具が『ぐりとぐら』（なかがわりえこ／福音館書店）の絵本だったそう。

子どものころのお気に入りって、相棒みたいな特別な存在になります。

子どものその気持ち、大切にしてあげてくださいね。

相談　絵本を持ってくるけれど、最後まで聞いてくれません

↓

絵本はあくまでコミュニケーションの道具。渡されるがまま読んであげましょう

あるときの保育士の日誌に、「ソウちゃんは、絵本を『読んで』と持ってくるけれど、読みはじめるとすぐに立ち上がって、またほかの本を持ってきてしまいます。どうしたらいいでしょう」と書いてありました。

ああ、わかる、わかると笑ってしまいました。その情景、ありありと目に浮かびます。子どもってなぜか、このやりとりを繰り返すのです。

「読んで」とか「どうぞ」と言って受けとってもらい、読みはじめてもらう。そのコミュニケーション自体がうれしいのかもしれません。

大人には、「本は最後まで読むもの」って意識があります。

ですからついつい、「もう、最後まで聞いてよ」とイライラしてしまうのね。

でも、そこは「渡されるがまま」になりましょう。次々と渡される絵本を、次々に読みはじめてあげる。どうか子どもの気が済むまで、お付き合いください。

「集中力がないのかしら」なんて心配するお母さんもいますが、大丈夫、最後まで読む気分じゃないだけです。あるいは思ったよりつまらなかったのかもしれないし、お母さんに身が入っていないとバレちゃったのかもしれない。そもそも、ただ好きな表紙を持ってきただけなのかもしれません。いずれにしても、たいして深い意味はないのです。

絵本は子育てに必要不可欠なものではなく、あくまで親子のコミュニケーションの道具です。

「**お話はぜんぜん読めなかったけれど、たくさん絵本の受け渡しができたわ**」。

これで十分なのです。

第5章
「お母さん」の人生について私が伝えたいこと

「夫婦仲がいい」に勝る子育て環境はない

ここまでずっと、子どもたちのかわいいエピソードを交えながら保育・子育ての話をしてきました。少しでもお役に立てたでしょうか。

最後に、人生の少し先輩として、みなさんの人生についてお話しできればと思います。自分が長く生きているだけでなく、子どもたちと同様、たくさんのお母さん、お父さんも見てきましたからね。

私は保育と同じように、人生からも「せねばならぬ」をなるべく取り除きたいと思っています。「したい」を大切にして、自由に生きていたいの。だって、そのほうが絶対楽しいでしょう。そして、それをお母さん、お父さんたちにも望んでいます。

とくに**「お母さんだから○○せねばならぬ」とガマンを強いるなんて、前時代的もいいところです。**

たとえば「お母さんはいつもニコニコしていなければならぬ」と言う人もいますが、お母さんは神様でもロボットでもありません。調子が悪いときも、機嫌が悪いときもあっていいと、私は思います。相手が子どもでも、きれいな感情だけ見せるって無理がありますよね。

でも、**夫婦ゲンカだけは、別。できるだけ子どもに見せないでほしい**のです。

これだけは、「見せてはならぬ」です。

もちろん一緒に暮らしていたら、言い合いになることもあります。気にくわないことだって起こるでしょう。その気持ちを伝えて解決に向かうのは、大切なこと。

ただ、相手に物申したいときも、ふーっとひと呼吸置いて、子どもがいない場所を選んでください。大好きなお父さんとお母さんがトゲトゲした言葉を交わしたり、激しく言い争ったり、最悪の場合、手を挙げる姿を見る。

――それは子どもにとって大きなストレスで、消えない傷になりかねませんから。

前日、家でなにかあったかなって子は、園でもなんとなくわかるものです。

どうしても夫婦仲がよくならないようなら、「別れちゃったら？」って思います。

……ちょっと過激発言かしら？　おばあちゃんの発言だと思って許してね。

でも、私の祖母もあの時代にはめずらしく離婚していますし、母も私が6歳のときに夫と死別していますから、なにがなんでも両親が揃ってなきゃ、とはあまり思っていないの。

「子どものためにも、離婚はできません」

そうおっしゃる方もいるけれど、極端な例で言えば、子どもにＤＶ（家庭内暴力）を見せるよりは離婚したほうがずっといいと思うのです。

以前、夫のＤＶに遭って離婚し、地元の足利に戻ってきたお母さんがいました。その子どもは大人の顔色をものすごくうかがう子でした。

「いいのよ、そんなにこちらを気にしなくても」って抱きしめたくなるくらい、私たちの顔をじーっと見るの。

ＤＶに限らず、子どもが萎縮してしまう環境は望ましくないと断言できます。

あの子のさみしそうな目はいまも、忘れられません。


夫婦仲がいいこと。

それに勝るいい子育て環境はないと、心から思います。

「妻」ではなく「嫁」として生きた私が反省していること

「へえ。じゃあ大川先生は夫婦仲がよかったのかしら？」と聞かれたら……ちょっと気まずいのが本音です。不仲ではありませんでしたが、正直、とても親密というわけでもありませんでした。

というのも、私、二十歳で結婚してからずっと、「大川邦之の妻」ではなく「大川ナミの嫁」をしていたからです。

どういうことか、少し、昔の話をさせてくださいね。

私は東京で生まれ、祖母と母と弟と、どちらかというと裕福な育ちをしていました。祖母は東京でも2番目に大きな助産師・看護師の派遣会社を営む女性だったのです。

ふだん助産師・看護師さんたちはうちの2階で暮らしていて、「どこどこでお産がはじまりそうです」と電話をもらうとそのお宅に走り、産後のお世話までしてまたうちに戻ってくる、という仕組みでした。

経営者だった祖母は、しばらく研究者の祖父を養っていたそうです。でも、その後いろいろあって離婚。アッサリ離婚できたのも、祖母に安定した収入があったからでしょう。

家には常時50人ほどの住み込みの若い女性がいましたし、母は私が6歳のときに父と死別した後、実家で祖母の手伝いをしていました。

ですから、まさに「働く女」ばかりの生活です（弟はいましたが）。政治に首を突っ込んだり、年末には男たちがお金を無心に来たりと、当時にしてはかなりひらけた人たちだったと思います。

料理をはじめすべての家事は、助産師の卵である住み込みの女性たちがしてくれました。蛇口をひねると水道が出る。ガスも通っている。戦争中とはいえ、何不自由ない生活でした。


ところが戦後、栃木にある遠縁の大川家に嫁ぐと、生活はガラリと変わります。

まず、姑であるナミさんから「私が黒と言えば、それが白いものでもハイと言いなさい」と言い渡されるところから結婚生活はスタートしました。

医者であるお舅《しゅうと》さんの病院で手伝いをしながら、「嫁」らしくほとんどの家事に精を出す。お恥ずかしながらお米の研ぎ方も知りませんでしたし、つるべ井戸から水を汲んで、フーフー息を送ってお風呂を沸かすなんてはじめての経験で……苦労しましたよ。

なによりね、そもそも夫のお父さんから「嫁にこないか」と声をかけられたものだから、夫のことをなにも知らなかったの。

縁談の話があったとき、母から「自分で決めなさい。ただし責任は自分で取りなさい」と言われ、「よし、望まれたところへ行こう」と決断したのはいいものの、夫がどういう人かはほとんど考えなかったのです。

そして結婚後も、残念ながら、夫婦でわかり合おうとする時間も意識もありませんでした。夫は町でも評判のいい人だったけれど自分の意見をはっきり言うタイプでもなかったし、私は嫁としての仕事と子育て、それから保育の仕事に忙しくってね。

ですからナミさんが亡くなり、夫も「これからふたりで旅行にでも行こうか」と言い、ようやく「夫婦らしい二人」の歩みがはじまるのかしらと思ったけれど……うーん、困っちゃった。

もうね、結婚して36年経つ間に、「ふたりで歩む」って感覚がすっかりなくなってしまっていたのです。「いまさらねえ」って。

繰り返しになりますが、別に不仲ではなかったんですよ。それに夫が亡くなるまで私たちはずっと夫婦だったけれど、恋人とかパートナーという感じではなかったのね。それは少し、寂しいことかなと思います。

ですから、若い方にはとにかく「**なにはともあれ夫婦仲よく!**」とお伝えしています。

57歳のころ、足利市長に「今までお願いしていた教育委員よりも大切な仕事ですから」って頼まれて女性問題懇話会の座長を務めましたが、そのときも夫婦について女性たちに熱くお話ししました。

知り合いの市議会議員さんから「大川さん、あんまりウチの女房をけしかけないでください」なんて言われることもありましたが、「なにを言っているの!　なにはなくとも夫婦仲よくねって言っているのよ、あなたにとってもいいことよ」と元気に反論していましたから。

「お母さんと子ども＋お父さん」から、「夫婦と子ども」の時代へ

女性の人生、生き方は、大きく変わりました。

昔は子どもを4人、5人産むことが一般的で、多い人だと10人産むこともめずらしくはありませんでした。つまり、人生に占める子育て期間がとても長かったのです。

末っ子が結婚して家を出るころはだいたい60歳。平均寿命もいまより短いため、夫婦ふたりで歩む残りの人生はだいたい10年くらいでした。

ところが最近は、夫婦一組あたりの子どもの数が減ってきています。初産の年齢が上がっているとはいえ、子どもが手を離れるときもまだ現役世代。かつ平均寿命も大きく延びていますから、以前に比べて夫婦ふたりで過ごす時間が格段に長いのです。

いまこの本を読まれている方はきっと、子どもが生活や意識の大部分を占めていると思います。でもこの子たちはいつか自立し、両親のもとから離れていきます。

つまり、**「母」や「父」といった役割は、いつか自分の中心ではなくなる**の。でも、「妻と夫」の関係は望んでいるうちは死ぬまでずーっと色濃くつづいていく。だから、私みたいに「いまさらねえ」なんて思わなくて済むようなステキな関係を築いていてほしいなと思うのです。

「このままの暮らし方で、ゆくゆくふたりきりになって大丈夫かな?」ってときどき考えてみてくださいね。

そうそう、私、いわゆる「お姑さん」の立場になった人たちにもこう言っています。

「最近、『息子が結婚したので家に行ってみたら、嫁は座ったまま息子が食器を洗っていた。なんて図々しい嫁だって頭に来たわ』という人がいるけれど、本人たちが幸せならそれでいいの。独立した子ども世帯には、口を出さないで。夫婦ふたり仲良く暮らすことがいちばん大切なのだから、それを邪魔したら絶対にダメよ」

もし親世代の口出しに困っていたら、このページに付箋を貼って目につくところに置いたらどうかしら。92歳がこんなことを言っているわよって。

最近は育児休業を取るお父さんが増えていますし、園の送迎を夫婦で分担するご家庭も多いです。子どものことを、お母さんだけでなく夫婦で考えているということでしょう。

それは、昔と比べてずいぶん変わったところだと思います。

「お母さんと子ども」、ときどき「お父さん」から、「夫婦と子ども」の家族になっている。

それは間違いなく――子どものことを考えても将来のことを考えても、〝いいこと〟だと思うのです。

何歳になっても、心が動くことをやりましょう

園の子どもたちは私が担当するリトミックの時間をとても楽しみにしてくれていて、「次のリトミックはいつ？」とよく聞かれます。最近は腰が痛くてときどきお休みすることもあるのですが、そのときの残念そうな声ったらありません。

先ほどちらりと書きましたが、私がリトミックをはじめたのは、40歳を過ぎてから。東京にある国立音楽大学から、夏休みに開催される研修の案内が来たのがきっかけです。

一週間泊まりこみの研修であること、なにより40歳という年齢に気後れしてしばらく悩んだのですが……じつはその案内は前年も来ていて、同じ理由で流していたのです。

「ああ、昨年から1歳年を取ってしまった。いまがこれからつづく人生の中でいちばん若いのなら、やってみよう」

そう思って、えいやっと勇気を出して行ってみました。

いざ参加してみると、周りはやっぱり20代の方ばかり。私はダントツで高齢でした。

さすがに恥ずかしい思いはありましたが、いざ講習がはじまると「あら、懐かしい感じがするわ」と思って。１５８ページでお話ししたとおり、幼少時代に受けた石井先生の踊りのレッスンのおかげで、思いのほかすぐに馴染むことができました。

そのままリトミックのおもしろさに魅了され、東京や群馬に毎月レッスンに通うようになったのです。

さらに30年前には、リトミックの国際ライセンスを日本ではじめて取得された馬淵明彦先生に出会い、さらに夢中になっちゃった。馬淵先生のように美しいピアノで子どもたちを導いてあげられたらどんなにいいかしらと思うのですが、まだまだ練習が足りません。

そう、「子どもたちが楽しみにしてくれている」って書いたけれど、結局、私自身がいちばん心踊っているのね。こんなふうに打ち込めるものがいくつもあるから、90歳を過ぎても毎日がとても楽しいのだと思います。

みなさんは私よりもずっと若く、たくさんの〝時間〟を持っています。この本ではさんざん「子どもの意欲が大事」と伝えてきましたが、大人だっておんなじですよ。

なにか「○○したい」と思うことがあれば、臆さず挑戦してみてください。

学びたいと思ったら、飛び込んで、時間を費やしてみてください。

もう遅すぎる、なんてことはありません。だってね、いまこうして本書を読んでいらっしゃるこの瞬間こそが、これから何十年とつづく人生の中でいちばん若いのですから。

私はあのとき、リトミックの世界に飛び込んで、ほんとうによかったと思っています。

92歳、いまが青春

仕事でも趣味でも公の活動でも、なんでもいい。生きがいがあると、元気に長生きできます。

私、この仕事がなかったら、とうの昔に寝たきり老人になっていると思います。もしくはもう、この世にはいないんじゃないかしら。

おかげさまで忙しく過ごしていて、90歳を超えても数ヶ月間休みなし、なんてこともありました。土日もかならず園に来て、保育士さんの日誌にコメントをつけたり、給与計算をしたりします。そうでなくとも「語り」やイベント、勉強会に講演などで、ほとんど休みがありません。でもね、暇よりずっといいと思うのです。

保育士の仕事は、お給料は安いし、仕事はきついし、汚れることもあります。でも、そういうモノサシでは計れないおもしろさ、魅力が詰まっているのです。うちで働いている人は、みんな実感していると思います。

毎日子どもたちには笑顔にさせてもらうし、やりがいはあるし、学びは多い。小さな子どもが大きな成長を見せたとき。小さかった子どもが一人前になって園を訪ねてきてくれたとき。「ああ、なんて幸せなんだろう」と心から思います。まさに、生きがいなのです。

そして、この年になっても保育士をしているいちばんの理由は……やっぱり小俣幼児生活団で取り組んでいる保育が、心からいいと思っているからですね。それは、次男で園長の真のおかげです。本人に面と向かって言うことはないけれど、「モンテッソーリ教育やアドラー心理学を見つけてくれてありがとう」と思っています。

正直ね、大川家は潰れたってかまわないの。

でも、小俣幼児生活団は、潰れちゃ困る。ずっと、ずーっとつづいてほしいと思っています。こんなに大切にしたいものがあるって、なんてありがたいことでしょう。

夫は20年近く前に亡くなりましたから、私、いわゆる「おひとりさま」です。散らかった家に一人で暮らしています。

でも、人生を振り返ってみて、いまがいちばん幸せだと思うのです。

生きがいはハッキリしているし、まだまだやりたいことがあるし、毎日が楽しい。

それに、この年になってわかったことなのですが、**いまが幸せだと昔の苦労話が苦労ではなくなる**んですね。「あの経験があったから、いまの自分があるんだな」とストンと納得できるようになりました。


いろいろなことをひっくるめて、幸せだと思える。

次はどんなことをしようかしら、どんなことが学べるかしらって、毎日ワクワクする。

「**92歳、いまが青春**」なのです。

3才	4才	5才
たんぽぽ (平山和子) 福音館書店	はらぺこあおむし (エリック・カール) 偕成社	いやいやえん (作:中川李枝子　絵:大村百合子) 福音館書店
わたしのワンピース (西巻茅子) こぐま社	はじめてのおつかい (作: 筒井頼子　絵: 林明子) 福音館書店	おしいれのぼうけん (ふるたたるひ・たばたせいいち) 童心社
おおきなかぶ (文:A・トルストイ　絵:佐藤忠良) 福音館書店	もりのなか (マリー・ホール・エッツ) 福音館書店	むしばミュータンスのぼうけん (かこさとし) 童心社
三びきのやぎのがらがらどん (マーシャ・ブラウン) 福音館書店	スイミー (レオ・レオニ) 好学社	ひとまねこざる (H・A・レイ) 岩波書店
どろんこハリー (文:ジーン・ジオン　絵:マーガレット・ブロイ・グレアム) 福音館書店	えんにち (五十嵐豊子) 福音館書店	もりのへなそうる (文:わたなべしげお　絵:やまわきゆりこ) 福音館書店
ティッチ (パット・ハッチンス) 福音館書店	からすのパンやさん (かこさとし) 偕成社	ジェインのもうふ (文:アーサー＝ミラー　絵:アル＝パーカー) 偕成社
みんなうんち (五味太郎) 福音館書店	さるとかに (文:神沢利子　絵:赤羽末吉) BL出版	ロボット・カミイ (文:ふるたたるひ　絵:ほりうちせいいち) 福音館書店
しょうぼうじどうしゃじぷた (文:渡辺茂男　絵:山本忠敬) 福音館書店	だんごどっこいしょ (文:大川悦生　絵:長谷川知子) ポプラ社	ももいろのきりん (文:中川李枝子　絵:中川宗弥) 福音館書店
おやすみなさいのほん (文:マーガレット・ワイズ・ブラウン　絵:ジャン・シャロー) 福音館書店	かさじぞう (文: 瀬田貞二　絵:赤羽末吉) 福音館書店	モチモチの木 (文: 斎藤隆介　絵:滝平二郎) 岩崎書店
もこ もこもこ (文:谷川俊太郎　絵:元永定正) 文研出版	ないた あかおに (文:浜田廣介　絵:池田龍雄) 偕成社	手ぶくろを買いに (文:新美南吉　絵:黒井健) 偕成社
3びきのくま (文:トルストイ　絵:バスネツォフ) 福音館書店	ちびくろ・さんぼ (文: ヘレン・バンナーマン　絵:フランク・ドビアス) 瑞雲舎	つるにょうぼう (文: 矢川澄子　絵:赤羽末吉) 福音館書店
ぽとんぽとんは なんのおと (文: 神沢利子　絵:平山英三) 福音館書店	三びきのこぶた (翻訳:瀬田貞二　絵:山田三郎) 福音館書店	スーホの白い馬 (文:大塚勇三　絵:赤羽末吉) 福音館書店

おまけ　小保幼児生活団の絵本カリキュラム

	0・1才	2才	
4月	いないいないばあ （文：松谷みよ子　絵：瀬川康男） 童心社	ばいばい （まついのりこ） 偕成社	
5月	おつきさまこんばんは （林明子） 福音館書店	のせてのせて （文：松谷みよ子　絵：東光寺啓） 童心社	
6月	どうぶつのおやこ （薮内正幸） 福音館書店	ぼくのくれよん （長新太） 講談社	
7月	だるまさんが （かがくいひろし） ブロンズ新社	どうすればいいのかな？ （文：わたなべしげお　絵：おおともやすお） 福音館書店	
8月	がたんごとん がたんごとん （安西水丸） 福音館書店	ぞうくんのさんぽ （なかのひろたか） 福音館書店	
9月	ころ ころ ころ （元永定正） 福音館書店	しろくまちゃんのほっとけーき （わかやまけん） こぐま社	
10月	ねこがいっぱい （グレース・スカール） 福音館書店	ぐりとぐら （文：なかがわりえこ　絵：おおむらゆりこ） 福音館書店	
11月	おふろでちゃぷちゃぷ （文：松谷みよ子　絵：いわさきちひろ） 童心社	わたしのワンピース （西巻茅子） こぐま社	
12月	きんぎょがにげた （五味太郎） 福音館書店	ぐりとぐらのおきゃくさま （文：なかがわりえこ　絵：おおむらゆりこ） 福音館書店	
1月	かお かお どんなかお （柳原良平） こぐま社	てぶくろ （エウゲーニー・M・ラチョフ） 福音館書店	
2月	いただきまあす （文：わたなべしげお　絵：おおともやすお） 福音館書店	はなをくんくん （文：ルース・クラウス　絵：マーク・シーモント） 福音館書店	
3月	おおきなかぶ （文：A・トルストイ　絵：佐藤忠良） 福音館書店	はけたよはけたよ （文：神沢利子　絵：西巻茅子） 偕成社	

あとがき

たくさんの子を預かってきて、いちばん印象的な子はだれですか、と聞かれることがあります。

これはとてもむずかしい質問で、歴代のどの子も個性的でかわいくて、かわいくて。とても一人選ぶなんてことはできません。

でも、私の保育士としての姿勢をたしかなものにした、コウちゃんの存在はかならず頭に浮かぶのです。

コウちゃんは自閉症の子でした。

「この子は重度の自閉症です。直そうと考えなくていい。教育しようとしなくてもいい。ただ預かって、お母さんがホッとする時間をつくってほしいのです」

大病院の女医さんに呼び出されてそう言われた私は、少し不安でした。

私自身は45歳くらいだったかしら。当時はいまと違って、自閉症についての研究も進んでいなかったのです。

たとえば、コウちゃんを預かった年の夏に東京で開催された自閉症の研修会に行くと、そうそうたるお医者さんが「自閉症は親のしつけの問題です」と言っていました。「そうかしら?」と思いながら翌年また同じ会に行ったら、「育て方は関係ありません、脳の問題です」と言われる。

当時はまだ、そんな時代だったのです。ですから保育士向けのちゃんとした指導書なんてものもなく、試行錯誤の連続でした。独学でどれくらい勉強したかわかりません。


コウちゃんはたしかに重度の自閉症児でした。言葉は母音しか出せませんでしたし、ずっと走り回っていて、意思疎通がむずかしい子だった。

しかもね、在園している途中で、お父さんが急に亡くなってしまったの。「そんなひどいことあるかしら?」って、にわかには信じられませんでした。

住んでいた家からは出ることになり、お母さんはコウちゃんとの生活のために一生懸命働いて……私もなんとか力になりたいと、なおさら必死になって保育しましたよ。

だから当時は……いえ、いまもですが、「大川先生はコウちゃんのことになると目の色が変わる」って言われていました。保育士としてはそんなふうに肩入れしちゃいけないんでしょうけど、どうしても力が入ってしまったの。

卒園して遠くに引っ越してからもずっと気に懸けていたし、「コウちゃんはね」って話に出すことも多かったと思います。やっぱり、ずっと心配していたのです。

でも、卒園から15年経った成人式で、大人になったコウちゃんに再会できたときは、その心配が吹き飛びました。私はネクタイを送って、「大きくなったね」って声をかけて。ふつうの会話はできなかったけれど、とっても幸せでした。

そしてさらに28年後。私の88歳のお祝いで、みんなが「大川先生と言えばコウちゃんだよね」って、コウちゃんも呼んでくれたんです。

……あのね、コウちゃん、長距離ドライバーになっていました。そしてお母さんと暮らす家を建てて、コウちゃんの名前でローンを組んだんですって。

ああ、お母さん、どれだけうれしかっただろうって、ちょっと言葉が出ませんでした。コウちゃんは立派に自立したのです。

これが私の思う、「自分の花を生命《いのち》いっぱい咲かせる」ということです。

コウちゃんは見事に自分の力で、満開に咲かせてみせました。

自分のできることをして、社会に貢献して、毎日を充実させて暮らす。

コウちゃんを思い出すたびに、私も幸せな気持ちになります。

＊　＊　＊

ここまでたくさんのことをお話ししてきました。子育てについてはもちろん、最後には私の反省にもとづいた夫婦関係にまで話は及びました（園長に怒られてしまいそう）。

本書をとおして、お子さんの「自由に生きる力と責任」を育むお手伝いができるのであれば、とてもうれしく思います。読みながら感じたこと、考えたこと、うなずいたこと、首をひねったこと。これからの子育てに活かしてくださいね。

ただ、まずはなにより、お母さん、お父さんが幸せな気持ちで子育てをしてほしいと思います。子育ては一筋縄じゃいかないし、「ちゃんとしなきゃ」というプレッシャーもあることと思います。失敗できないぞ、って気負いもあるでしょう。
でも、子どもに任せて、子どもを信じて。
「せねばならぬ」を手放して、楽しくね。

今回の出版に際して、私の保育人生でお世話になった古川伸子先生、村田保太郎先生、故・佐伯一弥先生、リトミックの馬渕明彦先生、語りの山本倶子先生、その他多数の方々に感謝申し上げます。

この本は、私の話を田中裕子さんが上手にまとめて書いてくださったものです。大変満足しております。

子育て中のお母さん方に、なにかお役に立てばうれしく思います。

小保幼児生活団　主任保育士
大川繁子

２０１９年９月

大川繁子 おおかわ・しげこ
足利市小俣町にある私立保育園「小俣幼児生活団」の主任保育士。
昭和2年生まれ。昭和20年、東京女子大学数学科入学。
昭和21年、結婚のため中退。昭和37年小俣幼児生活団に就職し、
昭和47年に主任保育士となり、現在に至る。
足利市教育委員、宇都宮裁判所家事調停委員、
足利市女性問題懇話会座長などを歴任。
モンテッソーリ教育やアドラー心理学を取り入れた創立70年の同園で、
およそ60年にわたり子どもの保育に携わっている。

92歳の現役保育士が伝えたい
親子で幸せになる子育て

2019年 9 月20日 初版第1刷発行
2019年12月20日 初版第5刷発行

著　者　大川繁子
発行者　小山隆之
発行所　株式会社 実務教育出版
〒163-8671 東京都新宿区新宿1-1-12
電話　03-3355-1812(編集)　03-3355-1951(販売)
振替　00160-0-78270
印　刷　壮光舎印刷 株式会社
製　本　東京美術紙工 協業組合

ISBN978-4-7889-1481-0　C0037

自分で考えて動ける子になる
モンテッソーリの育て方

上谷君枝・石田登喜恵 著

100年前のイタリアで生まれた、
こどもが自発的に行動できる力を引き出す教育法。
0～6歳のお子さんを持つママさん必読！

定価1300円（税別） 175ページ ISBN978-4-7889-1478-0